Wiener WITZ

Der Schmähführer

1333 Wuchteln

gesammelt und übersetzt von

Richard Weihs

pichler verlag

ISBN 978-3-85431-707-4

styria BOOKS

Wien – Graz – Klagenfurt
© 2015 by Pichler in der
Verlagsgruppe Styria GmbH & Co KG
Coverbild: iStockphoto.com/paulrommer

Bücher aus der Verlagsgruppe Styria gibt es
in jeder Buchhandlung und im Online-Shop

styriabooks.at

7 6 5 4 3 2 1
Printed in Austria

Inhalt

Ganz ohne Schmäh!

Zuerst gleich einmal eine Warnung: Dieses Buch beinhaltet keine Witzesammlung! Es heißt ja auch nicht *„Wiener Witze"*, sondern *„Wiener Witz"*. Der begriffliche Unterschied zwischen Einzahl und Mehrzahl lässt sich recht anschaulich darstellen anhand des harten Urteils eines Kulturkritikers namens Liebstöckl über Karl Farkas, der mit dem Kabarettisten Fritz Grünbaum Doppel-Conférencen bestritt: *„Grünbaum hat Witz, Farkas Witze."*

Witz – das ist in Wien nicht unbedingt etwas zum Lachen. Spricht der Wiener mit dem Ausdruck tiefster Empörung: *„Des is a Witz!"*, so bedeutet das: *„Das ist ja wohl eine ungeheuerliche Frechheit!"* Und wird mit dem Unterton ungläubigen Schreckens die Aufforderung *„Moch kan Witz!"* formuliert, dann heißt das so viel wie: *„Das darf doch nicht wahr sein – bitte treib doch nicht mit Entsetzen Scherz!"*

So viel zur Begriffsklärung, was den Ausdruck *„Witz"* anbelangt. Nun aber zu seinem wienerischen Synonym – dem Schmäh: Das international bekannte Markenzeichen *„Wiener Schmäh"* steht ja im Allgemeinen für heurigenkompatible Gemütlichkeit und fröhlich-gesellige Humorproduktion, versetzt mit einem Schuss urigen Lokalkolorits. Durchdringt man jedoch diese touristisch wohlfeil vermarktbare Oberfläche, so bietet sich dem interessierten Blick des Schmähforschers ein weitaus vielschichtigeres Bild Wiener Humorstrukturen.

Schon der Begriff *„Schmäh"* beinhaltet in seiner Doppeldeutigkeit ja nicht nur die Bedeutung *„Witz und Charme"* (*„Er hot an guadn Schmäh"*), sondern auch *„Lüge"* (*„Heast, darzöh ma kan Schmäh!"*) und *„Täuschung"* (*„Geh bitte, Oida, hoit mi do net dauernd am Schmäh!"*). Ein *„Schmähtandler"* ist also nicht nur eine Person, die mit Witzen hausieren geht, sondern auch ein ziemlich unglaubwürdiger Patron.

Die Sprache lügt hier nicht: Der vordergründig so liebenswerte Wiener Schmäh birgt in sich ein gehöriges Maß an Verstellung. Einerseits durchaus positiv im Sinne komödiantischer Schauspielerei, andrerseits steckt dahinter aber auch eine fiese Hinter-Haltung voller hinterfotziger Verschlagenheit. Und die Zwillingsschwester dieser inhärenten Falschheit heißt Feigheit.

Für die direkte Konfrontation eines Mitmenschen mit unverhohlener Kritik hat der Volksmund ein recht bezeichnendes Bild parat: *„Wem mit'm nockatn Oasch ins Gsicht foahrn."* Freilich, kein sehr feiner Vorgang. Da ist der Wiener doch lieber subtiler – und sei es auch nur um des lieben Friedens willen.

Die Bequemlichkeit ist aber nicht der einzige Grund für diese wienerische Konfliktscheuheit (*„Mia wean kan Richter brauchn!"*): Eine offene Auseinandersetzung würde dem Gegner ja auch die Möglichkeit verschaffen, Gleiches mit Gleichem zu vergelten und so die eigenen Schwachpunkte zur Attacke freigeben. So viel Angriffsfläche bietet der Wiener aber nur sehr ungern. Da agiert er doch lieber aus dem Hinterhalt und verpackt harte Kritik vorsorglich in die weiche Hülle schwammigen Schmähs.

Droht einen jungen Wiener dennoch stürmische Angriffslust zu übermannen, so ist schnell ein abgeklärter älterer zur Stelle mit dem weisen Ratschlag: *„Geh loss eam – den nehma do mit'm Schmäh!"* Das soll heißen: *„Lass dein Schwert stecken – diesen Kerl nehmen wir doch lieber auf die Schmähschaufel!"* Und wenn unter der Einwirkung perfiden Ungemaches die Lebensfreude völlig zu versiegen droht, hilft nur mehr die fatalistische Grundeinstellung: *„Des kaunnst eh nua mehr mit'm Schmäh packn!"*, also: *„Übernimm dich nicht – nimm es mit Humor!"*

Nur wenn es wirklich ganz ernst wird, lässt der Wiener sämtliche schützenden Hüllen fallen und gibt sich unverstellt zu erkennen. Und die Ankündigung dieses Vorganges stellt an sich schon eine gefährliche Drohung dar: *„Na woat, jetz lernst mi oba glei kennan – ganz ohne Schmäh!"*

Richard Weihs

PS: Viele der zitierten Redewendungen sind sexistisch und frauenfeindlich, andere wiederum sind alles andere als politisch korrekt, sind rassistisch oder minderheitenfeindlich. Im Sinne einer umfassenden Dokumentation haben Autor und Verlag dennoch entschieden, diese ins Buch aufzunehmen.

DER FEINE SCHMÄH

Einführung

Eines versteht sich bei uns von selbst: Fein ist man in erster Linie einmal selber – die hundsordinäre Bagage, das sind natürlich immer nur die anderen!

Vom Wiener Dichter Ernst Kein gibt es da ein höchst lehrreiches Buch mit dem Titel „Wirtshausgeschichten". Es besteht zur Gänze aus Konversationen, die Kein in den verschiedensten Wiener Lokalen belauscht und niedergeschrieben hat. Darunter findet sich auch der Monolog eines Vorstadt-Kellners: „Mit'n feinan Schmäh." Da räsoniert der feine Herr Franz darüber, wie man mit gediegener Feinheit in sämtlichen Lebenslagen den eigenen Vorteil wahrnehmen kann.

Die Bandbreite dieser Feinheiten ist allerdings beträchtlich: Diese reicht nämlich vom lockeren Schmäh bis zur wuchtigen „Tetschn", die einen zahlungsunwilligen Schuldner glatt vom Sessel haut ...

In diesem Sinne: Fein sein – beinander bleiben!

Schmähführung

Elitäres Standesbewusstsein

Mia san mia!
Gegen uns kommt keiner an!

Zeascht kumm i – und daunn kummt laung nix!
An erster Stelle stehe ich – alle anderen kommen erst sehr viel später!

I waaß jetz net, wo i Ihna hituan soi!
Ich kann mich im Moment nicht entsinnen, in welchem Zusammenhang wir einander kennengelernt haben!

Waunn si der Aufpudla füht, daunn gschpiat a si nimma!
Wenn sich dieser Wichtigtuer überlegen fühlt, geht er jeglicher Sensibilität verlustig!

Ui jegerl, des hob i fraunk net iwanosat! Waaßt, i hea hoit schlecht auf den Aug!
Ach du meine Güte, das muss ich doch glatt überhört haben! Ja wissen Sie, ich höre leider schlecht auf diesem Auge!

De hechare Mathematik is ma afoch z' hoch!
Die höhere Mathematik übersteigt einfach meinen geistigen Horizont!

Des geht ma iwa d' Huatschnua – auf des huast i!
Das übersteigt meine Toleranz bei Weitem – darauf kann ich gerne verzichten!

I bin oiwäu sehr leschea, weu i mi um nix schea!
Ich bin immer unbekümmert, weil ich mich um nichts kümmere!

I sog dar ans: Aun sich bin i jo a Tschent, wiara im Biachl steht – owa waunnst mi no laung raazt, daunn hot sa si auskavaliert!

Ich möchte nur eines anmerken: Ich bin zwar ein Gentleman vom Scheitel bis zur Sohle – aber wenn Sie noch lange meine Geduld strapazieren, dann vergesse ich, dass ich eigentlich ein Kavalier bin!

Dialog zwischen einem besonders feinen Herrn und einem Niesenden:
Zareißn sois di! – Und des greßte Trumm soi di treffn! – No, des Hirn wiad's net sei!
Möge es Sie in tausend Stücke zerfetzen! – Und das größte Stück soll sodann Sie treffen! – Nun, um Ihr Gehirm wird es sich dabei wohl schwerlich handeln!

Dolce Vita

Heit hau i mi in d' Aanserpanier und hau amoi uandlich am Tisch!
Heute lege ich meinen besten Anzug an und lasse es mir einmal so richtig gut gehen!

Do stön si a au! Hier stellen sich welche an!
Do stön si aa a au! Hier stellen sich auch welche an!
Do stön si eh aa a au! Hier stellen sich sowieso auch welche an!

De A is eh o – und jetz is de E aa o!
Ein verzweifelter Bratschist zu seinem Kollegen, nachdem an seinem Instrument nach der A-Saite nun auch noch die E-Saite abgerissen war.

Wos – ins Buagtheata wüst geh? Na, auf de Geisterbahn hob i jetzat owa goa kan Geist!
Wie – das Burgtheater möchtest du besuchen? Also nein, auf diese antiquierte Unterhaltungsform bin ich derzeit absolut nicht erpicht!

Owa de neiche Drahbühnan, de wos jetzat baut haum, de schpüt wiaklich olle Stickln!
Aber die neu errichtete Drehbühne verfügt wirklich über sämtliche technische Finessen!

Bleib pickn, Oide, i schwimm um d' Wäsch!
Liebling, behalte doch bitte Platz, ich werde inzwischen die Garderobe holen!

Heast Oide, moch a Säuln – i hau mi ins Gwurl und schwimm um d' Panier!
Werte Begleiterin, bitte verharren Sie hierorts unbeweglich gleich einer ionischen Säule – ich werde mich derweilen ins Getümmel stürzen, um unsere Oberkleidung zu erhaschen!

Vieradreißg Programme – und niagands spüt's wos Gscheits! I maan, mia haum an Sprung in da Schissl – oda wos?
Vierunddreißig Fernsehkanäle – und auf keinem einzigen davon etwas Interessantes! Mir scheint, die Satellitenschüssel hat einen Sprung – oder etwa gar wir selbst?

Der Bradmocher hot si im Hotö zua klanan Brust eiquartiert!
Der Wichtigtuer ist im Hotel Bristol („*Brüsterl*") abgestiegen!

Da Urlaub is komplett ins Wossa gfoin – und er is do gstaundn mit'm gwoschanan Hois!
Mit dem Urlaub war es Essig – und er war sauer wie eine unreife Zitrone!

Gepflegte Aversionen

Wos mochst denn du fiara Gsicht? – I kaunn ka Gsicht mochn, weu sunst hättast du scho a aundares!
Was machst denn du für ein Gesicht? – Ich kann gar kein Gesicht machen, denn in diesem Falle hättest du schon längst ein anderes!

Plausch net, Pepperl – den Schmus kaunnst in Papst Locherl vazapfn!
Quatsch keine Opern, Freundchen – den Unsinn kannst du deiner Großmutter erzählen!

Der Siaßla hot ma net nua Honich ums Mäu gschmiart – der hot ma glei in gaunzn Siruphäfn aufgsetzt!
Dieser Schmeichler ist mir nicht nur um den Bart gegangen – er wollte mich gleich völlig einwickeln!

Der schmierige Safnsiada steht bei mia sowieso auf da Saf!
Dieser ölige Schmeichler ist bei mir ohnehin schlecht angeschrieben!

Do vakühl i mi extra, dass i drauf huastn kaunn!
Diese lachhafte Sache kostet mich doch nicht einmal einen Huster!

De gschnaufte Gnauschn büdt sie am End no ei, dass mit ihra gspreiztn Schnoflerei do an Auftrog hot!
Diese hochmütige Protzerin glaubt möglicherweise, dass ihr affektiertes Genäsel hier gefragt wäre!

Der huscherte Huattandler steht ma owa goa net zu Gsicht!
Dieser mit einem Dachschaden behaftete Hutverkäufer ist mir aber höchst unsympathisch!

I loss mi do net papierln vo so an bradoaschign Paragrafnreiter!
Von so einem breitgesäßigen Beamten lasse ich mich doch nicht zum Besten halten!

Jojo, der Herr Wichtich kennt si aus beim Auskennan!
Nun ja, dieser Wichtigtuer weiß natürlich alles besser!

Der Hirnwichser glaubt woi, dass a de Gscheitheit mit'm großn Leffö gfressn hot!
Der Klugscheißer bildet sich wohl ein, er hätte die Weisheit mit der Muttermilch aufgesogen!

Da feine Herr Gut glaubt woi, er is da Graf Koks vo da Gasanstalt!
Dieser aufgeblasene Parvenü bildet sich wohl ein, er wäre etwas Besseres!

Des gschtözte Gigerl kummt so gschpreitzt daher ois wia da Fürst Bamstig persönlich!
Dieser affektierte Modegeck macht sich so wichtig, als wäre er Fürst Fuzzi himself!

Gschleckt, gschneizt und kamplt is a daherkräut!
Glatt gepflegt, gut geschnäuzt und wohlfrisiert kam er des Weges!

Gschrauft daherredn, des kaunn a – owa vua da Oaweit schrauft a si!
Er kann sich durchaus geziert ausdrücken – aber vor der Arbeit drückt er sich!

Bei uns in Rothaus oaweitns eh noch'm Mikado-Prinzip: Wea si zeast riaht, hot valuan!
Im heimischen Rathaus wird nach dem Mikado-Prinzip gearbeitet: Wer sich zuerst bewegt, hat verloren!

Eh no feicht hinter d' Uawaschln – owa de Pappn offn!
Ohnehin noch grün hinter den Ohren – aber die Schnatter läuft auf Hochtouren!

Kunntast wenigstns a Randl in Raund hoitn?
Könntest du wenigstens für eine kleine Weile den Mund halten?

Der Oidausseha kaunn froh sei, waunn a so oid, wiad wiara ausschaut!
Dieser Altausseer kann von Glück reden, wenn er jenes Alter erreicht, das man ihm heute schon ansieht!

Host leicht in großn Oschtauwa gschluckt, weust goa so steif daherkräust?
Hast du etwa den großen Staubwedel verschluckt, weil du gar so steif einher wandelst?

Kaunnst di net buckn, host leicht a Baa im Bauch?
Bist du nicht imstande dich zu bücken – hast du etwa einen Knochen im Magen?

Den kotzgrobn Kroftmeier brauch i so dringand wiar an Kropf!
Diesen saugroben Angeber benötige ich so dringend wie ein Ge-
schwür am Halse!

No, den schneidign Kavalier wea ma aa no de Schneid okaufn!
Na, diesen draufgängerischen Kavalier werden wir auch noch ein-
bremsen!

Der primitive Prolo hot jo net a Breserl a Manier!
Dieser ungehobelte Prolet hat ja nicht den geringsten Funken
Anstand!

A Benimm wiara Bamviech – und sowos schloft in an Bett!
Ein Benehmen wie ein Affe – und so etwas darf im Bette nächtigen!

Fia di anständich auf – mia san do jo net im Woid!
Benimm dich – wir befinden uns hier schließlich nicht in der freien
Natur!

Der haut auf d' Tromml wia zehn nockerte Nega!
Der Kerl haut ja mächtig auf die Pauke!
(*Politisch korrekte Übersetzung*)

**Mit dera glodanen Revoivergoschn häng i do net aun – de gschissa-
ne Bissgurn is ma do vü zu urdenär!**
Mit diesem scharfzüngigen Lästermaul lasse ich mich doch auf keinen Streit ein – diese widerliche Xanthippe ist mir doch viel zu ge-
wöhnlich!

Gehobene Umgangsformen

Hob i leicht Blech gredt, dass d' aso schewast?
Habe ich etwa die Klappe zu weit aufgerissen, weil du gar so heftig
klapperst?

I hob eam no nia wos ghaßn – und des wü wos haßn!
Ich habe ihn noch nie mit einem Schimpfwort belegt – und das sagt schon viel!

Mochn S' kane Umständ – fiar anständige Leit san Se eh ka Umgaung!
Geben Sie sich keine Mühe – anständige Menschen würden mit Ihnen ohnedies keinen Umgang pflegen!

Tschuidign S', dass i Eana in Ruckn zaagt hob! – Na, und fia Eana Gsicht haum S' ka Entschuidigung?
Verzeihen Sie, dass ich Ihnen den Rücken zugewandt habe! – Nun, und für Ihr Gesicht finden Sie keine Entschuldigung?

Hean S', mit mia kennan S' net so umspringan – i spring Eana glei ins Gsicht!
Hören Sie, so können Sie nicht mit mir umgehen – ich werde Sie umgehend frontal attackieren!

Mia is jo scho ollahaund untakumman – owa des is unta olla Sau!
Ich habe ja schon viel erlebt – aber das ist unter jeder Kritik!

Heast, du Offnoasch, vo wos fiar an Bam haum s'n di owebeidlt?
Sag an, Affenarsch: Von welchem Baume wurdest denn du heruntergeschüttelt?

Geh, moch net so a Wesn zwegn den windichn Wedl!
Ach, mach doch nicht so viel Aufheben wegen dieses unseriösen Schaumschlägers!

A sichers Auftretn und anständiche Maniern – des is des Um und Auf vom gsöschoftlichn Ansehn, du scherweankerter Scharwenzler!
Mit einem sicheren Auftreten und gepflegten Umgangsformen steht und fällt der gesellschaftliche Status, du windschiefer Schmeichelbecker!

Waunnst glaubst, dass mi des tangiert, dass d' mi schneidtst – do host di owa gschnittn!
Wenn du meinst, dass es mir etwas ausmacht, wenn du mir ausweichst – da hast du dich aber gründlich getäuscht!

Moch kane Lazzi, sunst bist am End du da Lackierde!
Mach keine dummen Späße, sonst wirst letzten Endes du draufzahlen!

Is scho recht – und sunst haum S' kane Schmerzn?
Soweit kommt es noch – und sonst fehlt Ihnen nichts?

Waunn a ma so an Sterz auftischt, kriag i glei soichane Kabln!
Wenn ich mir einen derartigen Unfug anhören muss, treten mir vor Wut Sehnen und Adern kabeldick am Halse hervor!

Zweng dem haur i ma owa aa ka rostigs Guarkerl ins Knia!
Deswegen rege ich mich aber noch lange nicht auf!

Heast, hutsch di mit dein woglatn Gehsteigpaunza – sunst gspiast mei Paunzafaust!
Hören Sie, verschwinden Sie mit Ihrem wackligen Kinderwagen – sonst kommt das Faustrecht zur Anwendung!

Gschwind, leg ei in Retourgaung – sunst foahst glei zur Höll tour-retour!
Leg schleunigst den Rückwärtsgang ein – sonst werde ich dir gleich einen Rückfahrschein zur Hölle ausstellen!

Schmeiß di in d' Proletnrohrpost und foahr o auf Favoritn!
Steigen Sie in die U-Bahn und reisen Sie in den zehnten Wiener Gemeindebezirk!

Wiara gsegn hot, dass si de gstöde Kotz in Wecker stöt, hot a glei de Uan aufgstöt!
Als er sah, dass sich die gut gebaute Maid den Wecker einstellte, wurde er gleich hellhörig!

Spün S' Ihna nua auf – de Einbüdung hot aa scho amoi an gnädichn Herrn gspeist!
Machen Sie sich nur recht wichtig – es sind schon ganz andere an ihren Standesdünkeln gescheitert!

Der schiawarische Bersch is jetz uandlich zum Handkuss kumman!
Dieser draufgängerische Frauenheld ist jetzt tüchtig eingefahren!

Vo den Schlawiner kaunnst da a Scherzl oschneidn!
Von diesem durchtriebenen Schlaumeier kannst du noch so manches lernen!

Des is ma staglgrean aufgstiegn, wia ma do da Spinotwachter zuwegstiegn is!
Da hat mich einfach die Wut gepackt, wie dieser Polizist aufsässig geworden ist!

I bin hoit auffegangan zum Gricht und hob ma's gricht!
Ich bin dann eben zu Gericht gepilgert und habe mich arrangiert!

Waunnst ma so zuwesteigst, stöll i da glei de Schuach vua d' Tia!
Wenn du mich dermaßen kompromittierst, werde ich dir gleich zeigen, wo der Zimmermann das Loch gelassen hat!

Setz di hii und schnauf amoi duach: Des wiad si scho ois wieder setzn!
Nimm Platz und atme ruhig durch: Das wird sich schon alles wieder beruhigen!

Pfiat di Gott mit Rosnwossa, dass d' net stinkat wiast!
Leb wohl mit Rosenparfum, auf dass du nicht zu stinken beginnst!

Geschäftliches Treiben

A geh, des Gschäft moch i do zwischn Zwölfe und z' Mittog!
Ach komm schon, dieses Geschäft erledige ich doch im Handumdrehen!

Waunn a net so grissn gwesn warat, hättat a nia an so an Riss gmocht!
Wenn er nicht so clever gewesen wäre, hätte er dieses blendende Geschäft nie abschließen können!

De Fassad woa zwoa fesch – owa unta da Budl haum s' in gaunzn Ramsch vadraht!
Die Fassade war zwar schick – aber unter dem Verkaufstisch haben sie jede Menge Ausschussware unter die Leute gebracht!

Er mocht nua des, wos grod aunfoit – außa er kriagt grod an Aunfoi und oaweit!
Er tut nur das, was gerade nötig ist – außer es überkommt ihn unvermutet die Arbeitswut!

De längste Zeit hot a allanich in gaunzn Lodn gschmissn – und daunn hot ar auf amoi ois higschmissn!
Lange Zeit hat er alleine den ganzen Laden in Schwung gehalten – und ganz plötzlich hat er alles aufgegeben!

Er hot an schwunghoftn Haundl triebn – owa unta da Haund hot a d' Haund aufghoidn!
Er hat regen Handel betrieben – aber heimlich hat er Schmiergeld genommen!

„'s haaßt, dass ar a guade Nosn hot fias Gschäft!" – „Jo, owa nua, waunn ma eam mit da Nosn draufsteßt!"
„Er soll angeblich über einen guten Geschäftssinn verfügen!" – „Nun ja, aber nur, wenn man ihn mit der Nase daraufstößt!"

Des muass i iagandwie scho grochn haum, dass do wos gfäut rennt mit dera Gschicht!
Irgendwie muss ich vorausgeahnt haben, dass bei dieser Sache etwas schiefläuft!

Do gheat scho a Mogn dazua, dass ma in eignan Bruadan in Mogn ausraamt!

Da gehört schon einiges dazu, um den eigenen Bruder finanziell völlig zu ruinieren!

I hob mi so gmagerlt, dass i jetz no gaunz matsch bin!

Ich habe mich dermaßen geärgert, dass ich noch immer völlig fertig bin!

No, do warat ma jetz owa sauwa eineghupft!

Na, da wären wir jetzt aber beinahe ordentlich hereingefallen!

Na, de Gschicht scheicht mi – des geht jo womeglich no ins Oschgraue!

Nein, die Sache ist mir nicht geheuer – da ist ja möglicherweise gar kein Ende abzusehen!

Du kunntast eam scho no amoi drum auhaun – owa der wiad da woi wos moin!

Du könntest ihn schon noch einmal darum bitten – aber er wird dich wohl abblitzen lassen!

Wiar i gsegn hob, wiara mit'm Göd umhaut – des hot mi echt umghaut!

Als ich sah, wie er mit Geld nur so um sich warf – das hat mich einfach umgeworfen!

Bei den Preis zoiht sa si goa net aus, dass ma si no vü umschaut – des kauft ma ungschaut!

Bei diesem Preis steht es sich doch gar nicht dafür, noch weitere Vergleiche anzustellen – da schlägt man ohne Umschweife zu!

Der Wadlbeißer haut di iwa's Haxl, bevuast no an Schritt gmocht host!

Dieser Intrigant zieht dich über den Tisch, bevor du dich noch gesetzt hast!

Drah kan Füm – vü mehr wiast aus den Füz eh nimma außehoin!
Verursache kein Aufsehen – aus diesem Geizhals ist doch kaum mehr herauszuholen!

Moch kan Moakt – den Moachmeier kauf ma si scho no!
Mach keinen Aufruhr – diesem Kraftmeier werden wir es später schon besorgen!

Waunn de Leit vo de Machloikes amoi wos leitn hean, stehst nua mehr mochtlos vis-à-vis!
Wenn sich die Kunde von diesen Machenschaften einmal verbreitet, hast du darauf keinerlei Einfluss mehr!

Dera schiachn Schiabarei wea ma jetz fia olle Moi an Riagl vuaschiabn!
Diesen unschönen Machenschaften werden wir nun endgültig Einhalt gebieten!

Ehrenwerte Gesellschaft

I maan, der feine Herr woa länga in ana gschlossanan Gsöschoft!
Mich dünkt, der noble Herr hat längere Zeit hinter schwedischen Gardinen verbracht!

Zeascht is a in d' Schrägn kumman – und boid drauf ins Häfn!
Zuerst geriet er auf die schiefe Bahn – und bald darauf ins Gefängnis!

Der schmoipickte Schmoizbruada hot scho sei Schmoiz kriagt!
Dieser dürre Drückeberger hat bereits eine Haftstrafe ausgefasst!

Da Wickl-Vickerl hot grod wieda an Wachau-Urlaub antretn!
Der streitbare Ludwig sitzt gerade wieder im Strafgefängnis Stein an der Donau ein!

Du host drei Joah Staa gmocht? – Des kaunnst in Staascheißa-Koarl darzöhn!
Du hast drei Jahre in der Strafanstalt Stein abgesessen? – Das kannst du deiner Großmutter erzählen!

In den Baafroßinschtitut haum s' ma des Moach aus de Baana zutzlt!
In der Strafanstalt haben sie mir das Mark aus den Knochen gesogen!

Der windiche Wachl mocht wieda vü Wind zwegn nix!
Dieser flatterhafte Luftikus macht wieder viel Lärm um nichts!

De saudumme Federn is vo d' Federn aufs Stroh kumman!
Dieses strohdumme leichte Mädchen ist vom Federbett zum Strohsack heruntergekommen!

Dass de Mizzi jetz wieda am Strich geht, des geht ma voi gengan Strich!
Dass sich Maria nun wieder prostituiert, das ist mir zutiefst zuwider!

Da Stemmeisnferdl is zwoa nuar a klana Stehkas – owa stämmig!
Meißel-Ferdinand ist zwar nur ein kleiner Wicht – aber kräftig gebaut!

Des znepfte Zniachterl steck i do mit links ins Westntaschl!
Diesen verwahrlosten Schwächling stecke ich doch wie nichts in die Tasche!

Des is a linke Banda – de san mit de ärgstn Pülcher im Bandl!
Das ist eine wenig vertrauenswürdige Gesellschaft – die unterhält Beziehungen zu den schlimmsten Verbrechern!

Der liagt wos zsamm, dass ois poscht!
Der lügt, dass sich die Balken biegen!

A so a klane Linke draht der do mit links!
Ein derartiges kleines Vergehen begeht der ganz nebenbei!

Bei den Strizzi is jo schod uman Strick!
Für diesen Gauner ist ja der Galgenstrick noch zu gut!

Mit den Ruaß steh i do net auf Gruaßfuaß!
Diesen Abschaum grüße ich doch nicht einmal!

Na, des san da Gstoitn – sowos gherat jo in a Aunstoit!
Also, das sind vielleicht Figuren – derartiges sollte ja in eine Anstalt
eingewiesen werden!

De ölendiche Bruat gherat jo stante pede am Mond gschossn!
Dieses elende Gesindel sollte man ohne Umschweife auf den Mond
schießen!

I wett, waunn i eam ane schmier, geht's glei wia gschmiert!
Ich bin sicher, wenn ich ihm eine betoniere, dann läuft es gleich wie
von selbst!

**Es is zwoa kana Schmier gstaundn – owa de Schmier hamma
trotzdem angschmiert!**
Es hat zwar niemand Wache geschoben – aber die Polizei haben wir
dennoch an der Nase herumgeführt!

Der kriachate Schmieranski is jo mit olle Soibn gschmiert!
Dieser karrieregeile Zeitungsschmierer ist ja mit allen Wassern gewaschen!

**Der woa scho oisa Klana a Schmierfink – ka Wunda, dass ar a
Zeitungsschmiera wuadn is!**
Er war schon als Kind ein Schmutzfink – kein Wunder, dass er
Boulevard-Journalist geworden ist!

Wos des Dreckbladl daherschreibt, gibt jo in Dreck a Watschn!
Was in diesem Schmierblatt steht, ist wohl in allerhöchstem Maße
überflüssig!

Bitt schee, wo steht'n des gschriebn, dass i den Schmoarrn lesn muaß?
Ja bitte, wer schreibt mir denn vor, dass ich diesen Unfug lesen muss?

Der siebngscheide Gschichtldrucker siecht aa in Dreck beim Mondschein!
Dieser neunmalkluge Aufschneider will auch immer alles besser wissen!

Wos – mi wüst klogn? Heast, des kost mi do net amoi an Locha!
Wie bitte – Sie wollen mich klagen? Nun, ich sehe dem Verfahren mit der allergrößten Gelassenheit entgegen!

Geh weida, des siech i da do aun da Nosn aun, dass d' wos ausgfressn host!
Hör doch auf: Ich kann dir doch von der Nasenspitze ablesen, dass du etwas angestellt hast!

Sei Tramjob warat jo Beschwichtigungshofrot beim Soizamt!
Sein Traumberuf wäre ja die Funktion eines Abwieglers beim Amt für aussichtslose Beschwerden!

Mit an so an miesn Falottn mechat i nix mehr zan tuan hobn – der is bei mir ausradiert!
Mit so einem erbärmlichen Lumpen pflege ich keinen Umgang mehr – der Herr ist von meiner Freundesliste gestrichen!

Den linkn Bruada steck i do mit links in Sock!
Diesen kleinen Gauner erledige ich doch mit der Linken!

Der Ruaßkäfa hot den Russn a Rutschn glegt!
Diese schmierige Dirne hat dem Primitivling eine Falle gestellt!

I hob jo a Renommee ghobt: Mi segn und grennt sei woa aans!
Ich hatte ja eine Reputation: Bei meinem Anblick sind sie augenblicklich davongerannt!

Gesellschaftliches Leben

Baba und foi ned – und waunns d' foist, daunn moch kane Bresln!
Leb wohl und komm nicht zu Fall – fällst du aber doch, so hinterlasse zumindest keine Rückstände!

Mir is bledaweis da Stimmstock umgfoin!
Leider bin ich zurzeit stockheiser!

Des oame Wuarm hot si bei dera Wuarlarei total vawuslt!
Das hilflose Geschöpf hat sich in diesem Gewimmel völlig verlaufen!

Dass i da net ois auf d' Nosn bindn tua, haaßt no laung net, dass i di aun da Nosn umanaundafiahn wü!
Dass ich dir nicht alles verrate, bedeutet noch lange nicht, dass ich versuche dich zu täuschen!

Gschitt hot's wiar aus Schaffln – owa mia haum's trotzdem gschofft!
Es hat in Strömen gegossen – aber wir haben es dennoch zuwege gebracht!

No, wea ma scho schaun, dass da Muatta des Kind bleibt!
Nun, wir werden uns schon darum kümmern, dass die Sache in Ordnung geht!

Mia haum jo gmaant, da Maxl markiert nua – darweu woara scho gaunz malad!
Wir waren ja der Meinung, dass Mäxchen nur simuliert, während er in Wirklichkeit schon schwer krank war!

Eascht hot a woin aufdrahn, der Hangerlritter – owa daunn hot a gschwind des Hangerl gschmissn!
Zuerst wollte sich der Kellner noch ereifern – dann aber warf er schnell das Handtuch!

Owa dass eam glei in Weisl gebn haum – des is jo woi aus da Weis!
Aber dass sie ihn gleich des Lokals verwiesen haben – das ist denn doch unerhört!

Der Zechprölla is obuahrt und i bin dogstaundn ois wiara Kipferl!
Als der Zechpreller das Weite gesucht hat, habe ich eine ausgesprochen schlechte Figur gemacht!

Den ungrodn Umfolla hob i's sauwa umegriebn – do hot a daunn nix mehr gsogt!
Diesem unehrlichen Rückzieher habe ich ordentlich meine Meinung gesagt – daraufhin hat er gar nichts mehr gesagt!

Wos is, wuaschtl di duach – oda glaubst, i wü do Wuarzln schlogn?
Was ist los, dräng dich vor – oder meinst du etwa, ich will hier anwachsen?

Des woa jo zan Zarwuzln, wia si der Wuzl iwan Wuzler gwuzlt hot!
Es war ja zum Brüllen, wie der Dicke am Tischfußballtisch umhergerollt ist!

Der klane Reißteiföl is sein Votan wiar aus'm Gsicht grissn!
Dieser lebhafte kleine Racker ist seinem Vater wie aus dem Gesicht geschnitten!

Da Koal kaunn net kumman – der zahrt heit sein Schwiegertiger aus!
Karl kann nicht kommen – er führt heute seine Schwiegermutter aus!

De fiat a recht a strengs Regiment – unter der ihra Fuchtl mechat i net steh!
Sie ist eine ziemlich strenge Herrin – unter ihrem Kommando möchte ich lieber nicht stehen!

Am Sunndoch foar i aum Schneeberg und loss mein Drochn steign!
Am Sonntag unternehme ich mit meiner Frau eine Bergtour im Schneeberggebiet!

Nua kane Wön – sunst host glei in Wödvadruss im Gnack!
Nur keine Unruhe – sonst sitzt dir gleich die griesgrämige Alte im Nacken!

Lossn S' mi aus, Gnädichste – i hob's gnädich!
Lassen Sie mich gehen, gnädige Frau – ich habe es eilig!

Na, und de Gerti nix wia hin und ramt da Gnädichn glei amoi de Frisur owe!
Worauf Gertrude sofort hinstürzte und die feine Dame gleich einmal gründlich zerzauste!

I hob mi aso gfuachtn, dass i a Ganslhaut kriagt hob wiara Reibeisn!
Ich habe mich dermaßen geängstigt, dass ich eine Gänsehaut von der Rauheit einer Küchenreibe bekommen habe!

Stundnlaung hot a si in d' Sunn baazt – na kloa hot a jetz an Wimmerer!
Stundenlang ist er in der Sonne gelegen – natürlich wimmert er jetzt wegen seines Sonnenbrandes!

Gestan howi eh de Rechnung brennt – owa heit haum s' ma trotzdem die Gas odraht!
Obwohl ich gestern die Rechnung beglichen habe, wurde mir heute das Gas abgestellt!

DER FETTE SCHMÄH

Einführung

Ist in Wien einer *in da Fettn* oder *im Öl*, dann hat er sich einen ziemlichen Rausch angetrunken. Säuft er jedoch wie ein *Rastlbinder* (Pfannenflicker), bis er einen *Mörderfetzn* hat, dann ist er *fett wie ein Radierer* oder auch *fett wie Russlands Erde*, ja womöglich sogar *blunznfett* – also fett wie eine Blutwurst. Versteht sich von selbst, dass dieser Zustand fortgeschrittener Trunkenheit einen höchst fruchtbaren Boden abgibt, auf dem die Wiener Kreativität üppig ins Kraut schießen kann und alsbald die tollsten Blüten sprießen lässt.

Aber es muss ja nicht immer gleich ein veritabler Vollrausch sein: Auch ein kleiner Schwips kann schon sehr anregend wirken! In diesem frühen Stadium ist man noch weit davon entfernt *vollfett* zu sein, sondern hat lediglich einen kleinen *Spitz*, einen *Stich*, einen *Schwammer* oder einen *Schwül*. Hat man dann einige *Rüscherln* (Cola-Rum) mehr gebechert, so kündigt sich langsam ein solides *Räuscherl* an, welchselbiges sich schließlich zu einem ernst zu nehmenden *mordstrumm Delirium* auswachsen kann.

Der solchermaßen *angflaschlte Pippler* wird zur Sperrstunde vom kräftigen Abservierpersonal aus der Trinkstätte geschleppt und neben dem Eingang an die Wand gelehnt, also auf gut Wienerisch *außeglahnt*. Hat der *Illuminierte* Glück und gute Freunde, so wird er von diesen umgehend nach Hause befördert, ansonsten bleibt er *anglahnt* – sofern er noch das Gleichgewicht halten kann.

Will er aber die Angelegenheit selbstständig durchstehen, dann spricht er unwirsch zu den um ihn *herumschurlnden* Saufkumpanen: *„Lossts mi anglahnt!"* („Lasst mich in Ruhe!")

Ein trinkfester *oida Drahra* (geeichter Nachtschwärmer) rafft sich jedoch nach einer kurzen Periode der Ausnüchterung wieder auf und begibt sich schwankenden Schrittes zum nächsten noch geöffneten *Beisel* (Lokal). Übermannt ihn auf dem Weg dorthin die Übelkeit, so befördert er mittels rieselfreudigen *Breckerlhuastns* sein *Gschpeiwlat* (Erbrochenes) in den Rinnstein, um daraufhin erleichtert weiterzu*hatschen* (schlurfen).

Ist er noch nicht so *angstraht* (alkoholisiert), dass es ihn *herstraht* (hinfallen) und *aufstraht* (hinsetzen), kann er im nächsten *Tschocherl* (kleines Lokal) *weitertschechern* (trinken), bis er *angsoffn is wiara Heisltschick* (vollgesogen wie eine Klosettzigarette). Und wenn er Pech hat, dann ereilt ihn auch ein vergleichbares Schicksal: Er verspürt *an Druck auf da Blosn* (den dringenden Wunsch nach Entleerung), wankt aufs Pissoir, dort *wandelt es ihn* (er taumelt gegen die Wand), worauf er ausrutscht und *in da Sur* (flüssiges Gemisch in der Urinrinne) zu liegen kommt und dortselbst ausgiebig *waakt* (eingeweicht wird).

Natürlich muss man nicht unbedingt so lange *biaschtln* (saufen), bis man *fetter is ois wiara Schmoiz* (Schmalz). Manchen reicht es auch schon, wenn sie beim Heurigen nur ein bisserl *anblosn* (mittelschwer beschwipst) sind – in diesem erfreulichen Zustand sollen die *Schrammeln* übrigens am schönsten spielen. Außerdem erspart man sich so die bösen Folgen, die ein Vollrausch zeitigt: Ist man des Abends *angschitt wiara Hydrant*, so hat man am nächsten Morgen womöglich *an Schädl wiara Wossaschaffl* (einen Kopf wie ein Wasserbecken) – obwohl Wasser jene Flüssigkeit ist, die wohl die geringste Schuld an diesem bedauerlichen Zustand trifft.

Im Gegenteil: Ist der Wein *gwassert* (mit Wasser versetzt), so wird das verdünnte Getränk womöglich als *Offnbrunzlerts* (Affenpisse) qualifiziert, weil es nach *eigschlofene Fiaß* (tauben Füßen) schmeckt. Anders verhält es sich allerdings, wenn statt dem gemeinen Leitungswasser *wurlats Aumasnwossa* (prickelndes Mineralwasser) zum Einsatz kommt: Der so entstandene *Gspritzte* erfrischt nicht nur auf angenehmere Weise als einige Dutzend Ameisenbisse, sondern er hat auch, wenn man einem legendären Werbeslogan Glauben schenken darf, immer Saison.

Zum Abschluss dieser doch etwas ausgeuferten Einführung noch ein ebenfalls allzeit gültiger, wenn auch etwas fatalistischer Spruch, den man gelegentlich noch in alten Wirtshäusern lesen kann:

Saufst, stirbst. Saufst net, stirbst aa. Oiso sauf!
Trinkst du, so stirbst du. Trinkst du nicht, so stirbst du auch. Also trinke!

Schmähführung

Die Beliebtheit des Konsums alkoholischer Getränke lässt sich leicht an der Unmenge von Ausdrücken für den Vorgang trinkfreudigen Schluckens ablesen. Hier nur eine kleine Auswahl:

Andudln, andusln, anflaschln, anhaun, ansaufn, anschleanzn, anstrahn, biaschtln, blosn, dippln, pipperln, plempern, schledern, schludern, saftln, si an Rausch aunzüchtn, süffln, trankln, tschechern, voischittn, zuaschittn, zuaschwaßn.

Zeitigt dann der Alkohol beim Trinker seine Wirkung, so hat der Volksmund wiederum eine ganze Reihe treffender Umschreibungen für den labilen Zustand der Berauschung:

An guadn Pegl hobn, an muadstrumm Rausch hobn, an Offn hobn, an Schwü hobn, anblosn, angsoffn, angschitt, angspitzt, angstochn, angstraht, auf da Wölln sei, bladlwaach, blau, blunznfett, bummzua, fett wiara Indiana, fett wiara Radiera, illuminiert, im Nöwe, in da Gluat, Karusö foan, muadsmuglfett, ned grod niacht, sölich ölich, sternhoglvoi, tranich, uazua, voifett, voi glodn, voi im Öö, Voigas drauf, völlich driwa, waachgsoffn sei, woamgsoffn sei, zuagschwaaßt, zua wiara Haubitzn.

Der oide Trankler is jo aungsoffn wiara Blumanstöckl!
Der alte Trinker ist vollgesogen wie ein Blumenstock!

De Floschn is blattlvoi ogfüllt – glei schwappta iwa!
Dieser Hohlkopf ist randvoll abgefüllt – gleich schwappt er über!

Der Fetznschädl hot an so an muadstrumm Fetzn, mit dem kunntast in gaunzn Rothausplotz aufwischn!
Der Schwachkopf hat so einen Riesenrausch (Riesenwischtuch), mit dem könnte man den gesamten Rathausplatz aufwischen!

Der Schüttler is so angschitt, dass a schewat wiara Sackl Kluppn!
Dieser Trottel ist dermaßen zugeschüttet, dass es ihn schüttelt wie ein Säckchen voller klappernder Wäscheklammern!

Der Tschecherant is jo im Daueröl – der wird sei Lebtog nimma niacht!
Dieser Säufer ist ja ständig besoffen – der wird in diesem Leben nicht mehr nüchtern!

Auf a Stehseidl ins Stehbeisl – auf des steh i!
Schnell auf ein kleines Bier in die Stehkneipe – so habe ich es gern!

De Sitzviertln haum eam nix ausgmocht – nua des letzte Steh-achterl, des hot eam umghaut!
Die Vierteln, die er im Sitzen genossen hat, haben ihm nichts aus-gemacht – nur das letzte Achtel, das er noch im Stehen zu sich ge-nommen hat, das hat ihn umgeworfen!

Auch die Qualität des genossenen Weines bietet ausreichend Gelegen-heit zu euphorischen bis bissigen Kommentaren:

Oiso wirklich! Des is a Tröpferl, zu den muass ma scho „Sie" sogn!
Also wirklich! Diesen edlen Tropfen muss man ja schon mit „Sie" ansprechen!

Aum easchtn Schluck schmeckt a net noch vü – owa er hot an sehr schenan Schwaaf!
Der erste Schluck schmeckt eher unauffällig – aber er hat einen höchst angenehmen Nachgeschmack!

Do draht's da de Zungan auf an Violinschlüssl zsamm vua Vagnügn!
Da verformt sich deine Zunge vor lauter Vergnügen zur Figur eines Violinschlüssels!

Geh bitte – des Krautwossa is jo net zum Darsaufn!
Also wirklich – diese säuerliche Krautlacke ist zum Trinken denkbar ungeeignet!

Na seavas! Bei den Saurampfer ziagt's an jo in Hemadzipf in Oasch eine!
Na danke! Bei diesem sauren Wein zieht es einem ja den Hemdzipfel in den After!

Bööääh! Bei den Beidlwossa beidlt's di voi aus'm Gwand!
Wäääh! Dieses ekelhafte Gesöff schüttelt einen ja aus der Kleidung!

Fia des grausliche Gschloder brauchst jo an Saumogn!
Für dieses schauderhafte Gebräu benötigt man ja einen Saumagen!

Der gwasserte Fensterschwitz is owa auf da Köllastiagn gwochsn!
Dieses verwässerte Säftchen wurde wohl auf der Kellerstiege zusammengepantscht!

Mit den Stanglbrunner kaunnst da de Fiaß woschn – waunn da net graust!
Dieser Brunnenwasserverschnitt ist bestenfalls zum Füßewaschen geeignet – sofern einem davor nicht graut!

Dea schmeckt dermoßn noch eigschlofane Schwaßfiaß – do roit's da jo glott de Zechnnägl auf!

Der Wein schmeckt in einem Ausmaß nach eingeschlafenen Schweißfüßen, dass es einem glatt die Zehennägel aufrollt!

Bist du deppat! Bei den Gurglwossa ziagt's an jo de Schuach aus!
Nicht ohne! Bei dieser ekligen Flüssigkeit hebt es einen ja aus dem Schuhwerk!

Die klassische Wiener Trinkstätte ist natürlich der Heurige, auch Buschenschank genannt: Über dem Eingang zeigt ein an einer Stange befestigter *„Buschen"* aus Föhrenzweigen, dass *„ausgsteckt"* ist und also auch *„ausgschenkt"* wird. Welch tiefe Gefühle fast religiöser Natur dieser Anblick in der Wiener Seele zu wecken vermag, verrät uns der andächtige Spruch: *„Do steckt da Herrgott sein Oarm auße!"*

Beherztes Kampftrinken

Den gspitztn Schampusschlederer wea ma amoi uandlich eischenkn!
Diesen hoch vornehmen Champagner-Schlürfer werden wir uns einmal ordentlich vorknöpfen!

De Spritztour hob i gspritzt und liawa no a poa Gspritzte trunkn!
Die Spritztour habe ich ins Wasser fallen lassen und stattdessen lieber noch einige Weißweinschorlen konsumiert!

I steß mar an Doppler ins Hiarn, weu's jetzat eh scho wuascht is!
Ich werde mich mit einem Doppelliter Wein berauschen, weil es darauf jetzt auch schon nicht mehr ankommt!

Wos is, Oida – vahoft ma no so a Prothesn?
Wie steht's, alter Freund – leeren wir gemeinsam noch so eine Flasche?

Nachhaltige Nachwirkungen

Wos is, oida Brandweinkessl – host leicht an Brand vom Brennowi beim Vitrioltandler?

Was ist los mit dir, alte Schnapsdrossel – leidest du etwa an den Nachwirkungen des Fusels von der Branntwein-Bude?

Der Söwabrennde haut jo in stärkstn Nega aus de Schuach!
Dieser selbst gebrannte Schnaps bringt auch einen Naturburschen mit extrem kräftiger Konstitution zu Fall!

Do brauchst a guade Untalog – sunst liegst zua Unzeit untam Tisch!
Da muss man vorher solide speisen – ansonsten geht man vorzeitig zu Boden!

Zeascht hot a si lustich aundudlt – owa jetzat hot a des bsoffane Ölend!
Zuerst hat er sich fröhlich betrunken – jetzt aber hat er das heulende Elend!

Ka anzichs Hoa am Schädl – und trotzdem a so a hundsgemeines Hoaweh!
Kein einziges Haar am Kopf – und dennoch habe ich Kopfschmerzen, als würde jemand wie verrückt an meinen Haaren zerren!

Mia woan zwoa bummzua – owa da Soi woa so bummvoi, do woa goa ka Gfoa, dass ma umfoin!
Wir waren zwar sturzbetrunken – aber der Saal war so gesteckt voll, dass keinerlei Gefahr bestand zu Sturze zu kommen!

Er hot si bladlwaach gsoffn – nua sei Leber woa staahoat!
Er hat sich windelweich getrunken – nur die Leber war steinhart!

Geh, bring ma a Obi aufgspritzt auf an Swimmingpool – weu gegn mi is de Wüste Gobi a Feichtbiotop!
Bitte bringen Sie mir ein Viertel Apfelsaft gemischt mit reichlich Mineralwasser – denn verglichen mit mir stellt sich die Wüste Gobi als Feuchtbiotop dar!

DER KULINARISCHE SCHMÄH

Einführung

Es ist ja allgemein bekannt, dass der Wiener kulinarischen Genüssen höchst zugeneigt ist. *„A guads Papperl"*, also ein leckerer Happen, ist ihm viel wert – vor allem dann, wenn er diesen preisgünstig zwischen die Zähne bekommt. Wobei der Diminutiv *„Papperl"* keine falschen Vorstellungen in Bezug auf die Größe der damit bezeichneten Portion erwecken sollte: Der Wiener isst nicht nur gerne gut und billig, sondern überdies auch ausgesprochen reichlich.

Kein Wunder also, dass es zahlreiche Redensarten gibt, die Bezeichnungen und Vorgänge bei der Zubereitung und Vertilgung von Speisen beinhalten. Dies bedeutet allerdings nicht, dass die dabei verwendeten Versatzstücke in der Regel besonders appetitlich angerichtet werden. Im Gegenteil: Was hier hinterrücks zusammengebraut wird, kann sich sehr leicht auf den Magen schlagen!

Kann der Wiener nun eine Sache absolut nicht ausstehen, so knurrt er grimmig: *„Na do hob i scho gfressn!"* Damit will er ausdrücken, dass es ihm in dieser Angelegenheit von vornherein an jeglichem (auch geistigem) Appetit mangelt. Ist ihm allerdings etwas besonders lieb, so hat er es *„zum Fressn gern"* – was mitunter leicht kannibalistische Untertöne mitschwingen lässt.

Hat er allerdings an einem Mädel *„einen Narren gefressen"*, dann kann er so weit gezähmt werden, dass er der Angebeteten faktisch

„*aus da Haund frisst*", also eine fast schon tierische Domestizierung erfährt. Und sollte er dennoch einmal in Rage kommen, so kann ihn seine Liebste ja mit einem treuherzigen Augenaufschlag beruhigen und der flehentlich gelispelten Bitte: „*Geh friss mi net glei!*"

Das wäre denn auch wirklich fatal: Wenn der Wiener nämlich etwas hinunterschlingt, dann verputzt er es gründlich mit Haut und Haar, oder im Fall eines Apfels, mit Kerngehäuse und Stängel – also „*mit Butz und Stingl*"!

Schmähführung

Gediegene Esskultur

A gschmackigs Trankl und a guads Fuada – des hüft in Votan auf d' Muada!
Lustvolle Nahrungsaufnahme gewährleistet den Fortbestand der Art!

Gengan S', greifn S' nua zua – es is nix ozöht!
Aber bitte, langen Sie doch zu: Es ist von allem reichlich vorhanden!

Schneid gscheit ei – sunst foist ma no vom Fleisch!
Iss nur tüchtig – sonst magerst du ja noch völlig ab!

Hau eine, Burli – sunst schaust boid aus ois wiara Rentgnbüd!
Iss eine gehörige Portion, Bübchen – ansonsten würdest du schon bald den Anblick eines Röntgenbildes bieten!

Druck's owe – des daucht da ka Rippn außa!
Schluck es hinunter – das wird dir keine Rippe herauspressen!

Der vahungarte Darmdirra bampft eine, ois hättat a seit drei Wochn nix gfressn!
Dieser ausgezehrte Hungerleider schlingt in sich hinein, als hätte er seit drei Wochen keine feste Nahrung mehr zu sich genommen!

Oisa, wos der Bua zsammfrisst – i maan, der hot kan Bodn!
Also, der Junge vertilgt ja Unmengen – man könnte fast glauben,
das geht alles ins Bodenlose!

Sovü wia der vafressane Frißling kaunn i no ollerweu vadruckn!
So viel wie dieser gefräßige Fresssack kann ich noch lange verzehren!

Bei da Sopherl ihrn Softfleisch – do kunntat i mi deppat fressn!
Sophies Saftfleisch könnte ich schnabulieren bis zur völligen Ver-
blödung!

Zeascht hamma si aunghabert und nochhea haum ma si baazt!
Zuerst haben wir uns vollgegessen und anschließend haben wir uns
gemütlich hingelegt!

**Zeascht hot a se aunbaumpft und daunn hot ar an Prinzn
gschobn!**
Zuerst hat er sich vollgefressen und dann hat er die Zeche geprellt!

**Zeascht hot a si in Ranzn voigschlogn – und nochhea hot ar es
Raunzn aungfangt!**
Zuerst hat er sich angefressen und nachher hat er begonnen zu meckern!

Liawa in Mogn varrenkt ois in Wirtn wos gschenkt!
Es ist besser, Übelkeit in Kauf zu nehmen, als seinen Teller nicht
leer zu essen!

Bei dem Froß reckt's mi – glei muass i in heulichn Ulrich anruafn!
(Ulrich = lautmalerisch für das Geräusch des Erbrechens)
Diese Speise verursacht bei mir akuten Brechreiz – ich könnte mich
binnen Kurzem genötigt sehen, eine Gehsteigpizza abzulegen!

Überflüssiges und Saftiges

Des is net dei Kaffee – des is mei Bier!
Das geht dich gar nichts an – das ist ganz alleine meine Angelegenheit!

Der Negaschwitz schmeckt jo noch Obwoschwossa!
Dieser schwache Kaffee schmeckt ja nach Spülwasser!

Schpü di net mit'm Feia – a klans Häferl geht leicht iwa!
Hüte dich, mich zu provozieren – ich bin von höchst aufbrausendem Naturell!

Der ewiche Keppler kechlt jo scho de längste Zeit im eiganan Soft!
Dieser ständige Quengler ist sich ja längst schon selbst zuwider!

Soda: Jetzt san ma owa voi in da Soß!
Na fein: Da sitzen wir jetzt aber tüchtig in der Patsche!

Misch de oide Soß net wieda auf, sunst trenzt di am End no an!
Rühre diese alte Geschichte nicht wieder auf, es könnte sonst sein, dass auch an dir etwas davon hängen bleibt!

Suppentopf

Der Adabei is echt a Schnittling auf olle Suppn!
Dieser Wichtigtuer ist wirklich überall mit dabei!

Vo dia loss i ma no laung net in d' Suppn spuckn!
Auf deine Einmischung kann ich gerne verzichten!

Bei den Sumper hot's olle Tog wos auf da Suppn!
Von diesem Banausen kann sie sich tagtäglich ungute Bemerkungen anhören!

Na woat, de Suppn wear i da so vasoizn, dass d' di auspeibst bis obnhii!
Warte nur, diese Suppe werde ich dir dermaßen versalzen, dass du dich über und über mit deinem Erbrochenen bekleckern wirst!

Du wiast da glei a gschmoizene Prüglsuppn eibrockn, de wos d' net so leicht ausleffln wirst!

Du wirst gleich eine tüchtige Tracht Prügel kassieren, die dir noch ordentlich zu schaffen machen wird!

Na, des is ka Rebbach – do kost jo die Suppn mehr ois wia des Fleisch!
Also, dies ist kein gutes Geschäft – da übersteigen die Aufwendungen den Gewinn ja bei Weitem!

De Suppn loss i aus – i spekulier mea auf de Speckknedln!
Auf die Suppe verzichte ich – ich richte mein Augenmerk mehr auf die Speckknödel!

Bei mia geht des net eine – i bin jo net auf da Nudlsuppn dahergschwumman!
Damit kommen Sie bei mir nicht durch – ich bin schließlich nicht von vorgestern!

Schwimm ham auf da Nudlsuppn – sunst wiad da glei da Suppnschlauch auf nui gschtöt!
Schwimm in der Nudelsuppe heimwärts – sonst wird dir deine Halsweite gleich auf null gedreht!

Schmankerlküche

Jo, schmecks – fia di wear i Schmankerln kochn!
Ja freilich – für dich werde ich womöglich noch eine Extrawurst braten!

Jo Himmöherrgott, i kaunn da do net dauernd ollas klaaweis vuakaun!
Beim Allmächtigen, ich kann dir doch nicht ständig alles in mundgerechte Häppchen zerlegen!

Geh Mama, i bin do ka Gatschkind mehr!
Aber Mutter, ich bin doch kein Kleinkind mehr, das mit Brei gefüttert werden muss!

Den Pimperlhuaber friss i do oisa Gaunzer zum Fruahstuck!
Diese mickrige Gestalt verspeise ich doch am Stück zum Frühstück!

**Des woa fia de natialich a gfundns Fressn, wia s' draufkumman
san, wos dea Ausgfressane ausgfressn hot!**
Ihnen ist das natürlich gerade recht gekommen, wie sie herausge-
funden haben, was der Dicke angestellt hat!

**In dera hochfeinan Hittn valaungan s' sogoa fiara Schmoizbrot
an gschmoizanan Preis!**
In diesem exklusiven Lokal wird sogar für ein Schmalzbrot ein
überhöhter Preis in Rechnung gestellt!

**Der Schmoizgsö hot scho sovü Schmoiz kriagt, dass ar an jedn
aunschmiart!**
Dieser Häfenbruder hat schon so viele Freiheitsstrafen aufge-
brummt bekommen, dass er nun jedermann zu betrügen versucht!

Der Schmoizhäfn trogt heit owa wieda extrig dick auf!
Der Schnulzensänger drückt heute aber wieder ganz besonders
stark auf die Tränendrüse!

**Wo soi i denn auf de Gaache a Koibsbries hernehman – i kaunn
ma's jo net aus de Finger zutzln!**
Wo soll ich denn auf die Schnelle ein Kalbsbries auftreiben – ich
kann es mir ja nicht aus den Fingern saugen!

**Na hawedere, des san da Puazionan – do glaubst jo, du host an
Fliagnschiss am Tölla!**
Na danke sehr, das sind vielleicht Portionen – da vermeint man ja,
lediglich einen Fliegendreck auf dem Teller wahrzunehmen!

Besser a Floh im Kraut ois wia goa ka Fleisch!
In Zeiten der Not darf man nicht wählerisch sein!

Würstelparadies

Brauchst goa net in Soft geh, du Wiaschtl – sunst hob i aa scho gfressn!
Reg dich ja nicht auf, du Würstchen – sonst bin ich schwer verärgert!

A so a Wiaschtl wia di hob i scho in da Semml gfressn!
Eine halbe Portion wie dich verspeise ich doch zum Frühstück!

Geh bitte, des kaunnst do net ois in ana laungan Wuascht untaranaunda schreibn!
Also wirklich, das kann man doch nicht alles ohne Unterteilung in eine Spalte schreiben!

Hoit de Goschn – sunst kaunnst glei vo da Gummiwuascht obeißn!
Halt den Mund – sonst kostest du gleich den Gummiknüppel!

Der nodiche Nebbochant kaunn si do hextns a Proletnsalami kaufn!
Dieser ärmliche Kleinkrämer kann sich doch bestenfalls billige Dürrwurst leisten!

Loss die beleidigte Leberwuascht in Kraut – die is zwegn nix glei sauer!
Lass diese dünnhäutige Person in Frieden – die ist sofort grundlos beleidigt!

In dera Wuascht is da Wuarm drin!
Mit dieser Wurst stimmt etwas nicht!

Vaschwind wia's Wiaschtl aus'm Kraut – sunst kummst in d' Wiascht!
Verschwinde wie die Wurst aus dem Sauerkraut – ansonsten wirst du verwurstet!

Geh ham, Müchkind, d' Muatta hot an Floh ogstochn – kriagst Blunzn!
Geh doch nach Hause, du Säugling: Deine Mutter hat einen Floh geschlachtet – heute wird Blutwurst serviert!

Der Blunznstricker hot zwa Linke – der bricht si jo in Finger beim Nosnbohrn!
Mit seinen ungeschickten Würstelfingern bringt der ja nicht einmal die einfachsten Tätigkeiten zuwege!

I siech scho, do wiad wiedar amoi de Blunzn vakehrt gfüüt!
Ich sehe schon, da wird das Pferd wieder einmal von hinten aufgezäumt!

De zwa Wiaschtlwarma ghean zsamm wia's Wiaschtl mit'm Kren!
Diese beiden Langweiler passen zusammen wie Wurst und Kren!

An so an Krenreißa brauch ma net amoi zum Krenreibn!
Einen derartig unbedarften Großtuer können wir nicht einmal für untergeordnete Tätigkeiten gebrauchen!

Des Wiaschtl is a Knofl!
Dieses arme Würstchen ist ein echter Unglücksbringer!

An Knofl kaunn i net vaknofln – der knoflt ma z' vü!
Knoblauch vertrage ich nicht – ich kann den Geruch nicht ausstehen!

In dera grindign Knoflhittn wirst nix Gscheids kriagn – hextns a Beefsteak mit Haut!
In diesem schmierigen Fresslokal wirst du nichts Anständiges zu essen bekommen – bestenfalls eine Knackwurst!

I mechat a Eitrige mit an Bugl und a Sechzehna-Blech!
Ich wünsche eine Käsekrainer zu bestellen mit einem Brotscherzl sowie eine Dose Ottakringer Bier!

Eh kloa, dia miass ma natialich wieda a Extrawiaschtl brodn!
Na klar, für dich müssen wir natürlich wieder eine Ausnahme machen!

I hob mi scho duachgwuaschtlt, do woast du no in Abrahams Wuaschtkessl!
Ich habe mich schon mühsam durchgekämpft, als du noch im dunklen Jenseits der Ungeborenen weiltest!

De Wuarzn is ma jetz owa nimma wuascht!
Diese ausgenützte Person geht mir langsam auf den Geist!

Der hoiblustiche Wuaschtl muass aa ollarweu sein Senf dazuagebn!
Dieser mäßig witzige Scherzbold muss auch immer seinen Kommentar dazu abgeben!

Se brauchn mi do goa net bled aunstrudln mit eanan Brotwuascht-Dialekt!
Sie brauchen mich da überhaupt nicht dumm anreden in Ihrem breiten Dialekt!

Des Buarnheidl is vom Gigara – des Fleisch haut jo no aus!
Diese Burenwurst stammt vom Pferdefleischhauer – das Ding schlägt ja noch aus!

Auf a so a zaache Haaße bin i owa goa net haaß!
Auf eine derartig zähe Burenwurst habe ich aber nicht den geringsten Appetit!

Auf a waache Haaße mit an Schoafn – auf des warat i schoaf!
Auf eine zarte Burenwurst mit scharfem Senf hätte ich Gusto!

Der varwuarschtlte Wirrwarr-Bruada gherat jo scho längst in d' Wiascht!
Dieser chaotische Wirrkopf hätte ja schon längst abserviert werden sollen!

Gemüseallerlei

Bei dera gscherdn Ruabn is jo ois Kraut und Ruabn!
Bei dieser Landpomeranze herrscht ja ein völliges Durcheinander!

Des mocht des Kraut owa aa nimma fett!
Das wird die Bilanz auch nicht mehr wesentlich verbessern!

Passt eh guat, dass glei am Anfang vom Noschmoakt a goidns Krauthappl steht!
Das Gebäude der Secession mit seiner vergoldeten kugelförmigen Dachkuppel fügt sich – architektonisch betrachtet – ganz hervorragend in das Erscheinungsbild des daneben gelegenen Naschmarktes ein!

Wos is, Schwindlicha? Host leicht narrische Schwammerln gfressn?
Wie ist dir, Schwachkopf? Hast du etwa Pilze mit halluzinogenen Wirkstoffen zu dir genommen?

Obocht – beim Guarknhachln muasst aufpassn wiara Haftlmocha!
Vorsicht – beim Gurkenhacheln muss man aufpassen wie ein Haftelmacher!

Mit den aufgwarmtn Köch kaunnst woaundarst hausiern gehn – des interessiert do ka Sau!
Mit dieser uralten Geschichte kannst du vielleicht anderswo reüssieren – hier interessiert das keine Menschenseele!

Geh, schreib ma des auf a Köchpletschn und koch's aus!
Ach sei so gut, schreib mir das auf ein Kohlblatt und koch es aus!

Geh ham und warm da dein Köch – sunst host glei an Köch mit mia!
Geh heim und wärm dir deine Kohlsuppe – sonst wirst du gleich kolossale Probleme mit mir bekommen!

Des gaunze Gschisti-Gschasti mit den fleischlosn Froß, des is do nix Bleiberts!
Dieses ganze Getue um die vegetarische Kost, das kann doch nicht von Dauer sein!

A guats Schnitzl – des is fia mi da hechste Spinot!
Ein gutes Schnitzel – das ist für mich der größte Genuss!

Wos – Schnitzl is aus? Na, do hamma in Salot!
Wie bitte – es gibt kein Schnitzel mehr? Na, das ist ja eine schöne Bescherung!

Gehst auße aus'm Andivi – sunst gibt's Fisoin!
Raus aus den Endivien – sonst wirst du fies versohlt!

Gemischte Platte

Na i waaß net – des is net gsottn und net brodn!
Also ich weiß nicht so recht – das ist weder Fisch noch Fleisch!

Angfangt hob i mit dera Kocherei oisa Brennhaaßer – owa daunn bin i schnö wieda ausküht!
Mit heißer Begeisterung habe ich zu kochen begonnen – die hat sich dann aber recht bald wieder abgekühlt!

I hob scho vü fremds Brot gessn – owa daham schmaust sa si do am bestn!
Ich bin schon viel in der Welt herumgekommen – aber daheim schmeckt es doch am besten!

Bleib z' Haus, hoit's zsamm und stopf dein Brotladn!
Bleibe im Lande und nähr dich und red nicht!

Des znepfte Zniachterl frisst z' Mittog a Grülln und auf d' Nocht de Haxn!

Dieser verwahrloste Schwächling verzehrt zum Mittagessen lediglich eine Grille – und zum Nachtmahl dann die Beine des Tieres!

Waunn der an Regnwurm schlickt, daunn hot a mehr Hirn im Bauch ois wiar im Schädl!
Wenn der einen Regenwurm schluckt, dann hat er mehr Hirn im Magen als im Kopf!

Der Daumpfplaudara fiadad sei große Goschn aa net umasunst!
Dieser Angeber füttert sein großes Maul auch nicht ohne Grund durch!

Wos host'n du gfressn? Du schaust jo aus wiara gschpiebanes Apflkoch!
Was hast denn du zu dir genommen? Deine blassgrüne Gesichtsfarbe erinnert frappant an erbrochenes Apfelmus!

Der ausgfressanen Fettsau hängt jo da Bochhendlfriedhof owe bis auf d' Knia!
Diesem wohlgenährten Mastschwein hängt ja der backhuhnhältige Bauch bis hinunter zu den Knien!

Der vatricknate Breslfetzn staubt am jo bei de Uan auße!
Dieses trockene Wiener Schnitzel staubt einem ja bei den Ohren hinaus!

Den Reisstrara hob i scho laung im Reindl!
Diesen Angsthasen habe ich mir schon längst eingekocht!

Den Chinesnschoder kaunnst am Mist laarn: Mir bringst ei-brennte Hund – owa gschwind!
Diesen Reis können Sie meinetwegen auf den Müll kippen: Mir aber servieren Sie jetzt Kartoffeln in Mehlschwitze – aber mal hastig!

Reiß beule mit deina Reisschissl – sunst reiß i dar ane, dass d' Reis strahst bis zu de Chinesa und wieda zruck!

Nimm Reißaus mit deinem asiatischen Automobil – sonst kassierst du eine, dass du reiskorngroße Kotkügelchen ausstreust von hier bis nach China und wieder zurück!

Risibisi friss i, bis i hii bin – bis i hii bin, friss i Risibisi!
Erbsenreis kann ich bis zum Abwinken verspeisen – ich werde ihn bis an mein Lebensende essen!

A so a ranzlerte Fridattn! Sowos Ungustiöses gherat jo vo Amts wegn eizogn!
Was für ein verdorbener Pfannkuchenstreifen! So etwas Degoutantes müsste doch amtlich beschlagnahmt werden!

Waunn da „Waunn" net war, daunn warat da Scheißdreck Butta!
Gäbe es das Wörtchen „Wenn" nicht, dann wären Exkremente ganz hervorragend als Brotaufstrich geeignet!

Alles Käse

A so a Kas – den Schas kaunnst da in d' Hoa schmiarn!
Was für ein Unsinn – diese Nichtigkeiten behältst du besser für dich!

Red net so an Quargl daher – sunst stöll i di untan Quarglsturz!
Quatsch keinen Käse – sonst kommst du unter die Käseglocke!

Red kan Topfn – der Kas intressiert do eh ka Sau!
Quatsch keinen Quark – für diesen Käse interessiert sich ohnedies kein Schwein!

Tua jetzat jo net bremsn – des geht jo owe wia Brimsn!
Jetzt nur nicht auf die Bremse steigen – das läuft ja wie geschmiert!

Steh umme, klana Stehkas – sunst kriagst in Gschtiß, dass d' nimma aufstehst!
Tritt weg, Dreikäsehoch – sonst werde ich dich hinaustreten, sodass du für immer abtrittst!

Süße Sachen

Des siaße Zuckergoscherl hob i mit Zuckerwatta eigwicklt!
Bei dieser süßen Maus habe ich mich mit Zuckerwatte einge-
schmeichelt!

**Er hot s' zan Fressn gean – und sie hot sowieso an Noarrn aun
eam gfressn!**
Er hat sie zum Fressen gerne – und sie ist ohnehin völlig verknallt
in ihn!

**Oisa, in den Kaiserschmoan kunntat i mi eigrobn bis zan Jüngstn
Gericht!**
Also, von diesem Kaiserschmarren kann ich gar nicht genug be-
kommen – den könnte ich bis zum Jüngsten Tag schmausen!

An so an Schmoan fia ma si do goa net ei – den kaunnst da eifian!
Einen derartigen Schmarren können wir hier nicht brauchen – den
kannst du dir rektal eingeben!

**Mia haum eam jo nua a wengerl gschöt – do ea is glei aufgangan
wiara Germtaag!**
Wir haben ihn ja nur ein wenig aufgezogen – er hat sich daraufhin
aber sofort gewaltig erzürnt!

**In gaunzn Tog hob i mi ogstrudlt – des hot si zahrt wiara
Strudltaag!**
Den ganzen Tag lang habe ich mich abgearbeitet – das hat sich in
die Länge gezogen wie ein Strudelteig!

**Wiar i de Modn im Mognstrudl gsegn hob, hot's ma glei in Mogn
umdraht!**
Als ich der Maden im Mohnstrudel ansichtig wurde, grauste mir
gleich ganz gewaltig!

Oda wüst liaba a Griaßkoch? – Do scheißt wenigstns kane Bana!

Oder möchtest du lieber Grießbrei speisen? – Da ersparst du dir die Knochen im Kot!

Tuat ma marmalad – owa des is ma echt total powidl!
Es tut mir leid – aber das ist mir wirklich völlig gleichgültig!

Red kan Powidl – sunst wear i di glei a weng tatschkerln!
Erzähl keinen Unsinn – sonst werde ich dich gleich kräftig tätscheln!

Zeascht hot s' zuckasiaß tan – owa nochhea hot s' eam auszutzlt wiara Fruchtzuckerl!
Zuerst hat sie ihm schöngetan – aber dann hat sie ihn ausgesaugt wie ein Fruchtbonbon!

Der unguade Gulaschstrizzi is laungsam eh reif fian Guglhupf!
Dieser unangenehme primitive Zuhälter ist bald reif fürs Irrenhaus!

Schupf di, Schöberl – sunst polier i da de Pappn mit'n Wiaflzucka!
Geh dich brausen, du grindiger Brocken – sonst werde ich dir die Fresse mit einem Stück Würfelzucker polieren!

Tua do net aum Kletznbrot umanaundakletzln, Kletznseppl – sunst kletzl i da de Gluarn auße!
Zupf da nicht am Früchtebrot herum, du Dörrpflaume – sonst zupf ich dir die Glotzaugen aus!

Putz di, du scheanglates Frufru-Glasl – sunst host glei Scheabn gnua zum Aufklaubn!
Verroll dich, du schielendes Erdbeerjoghurt-Glas – ansonsten kannst du gleich eine Menge Scherben auflesen!

Vatrepfl, trenzerter Trenzling – sunst tunk i di ei wiara Brioschkipferl in Müchkaffee!
Tropf ab, sabbernder Patzer – sonst wirst du eingetunkt wie halbmondförmiges Milchgebäck in den Milchkaffee!

Gepfeffert und gesalzen

Geh aufs Soizamt und loss di eisoizn – sunst schittl i di aus wiaran Soizstraara!
Geh zum Salzamt und lass dich dort einsalzen – sonst werde ich dich schütteln wie einen Salzstreuer!

Den gsöchtn Soidotnschädl wea ma's eisoizn!
Diesem hageren Sturschädel werden wir die Suppe versalzen!

Schleich di ham, Oamutschkerl, host eh no a Baa in da Rean!
Geh nach Hause, Armseliger: Noch hast du ja einen Knochen im Backrohr!

Hupf in an Kürbis und zöh de Kern – sunst schöl i di und häng di in d' Söch!
Spring in einen Kürbis und zähl die Kerne – sonst werde ich dich schälen und in der Räucherkammer aufhängen!

Krebs o, krätzerte Kreatur – sunst nimm i di in d' Zwickn und moch Krefleisch aus dia!
Kriech fort, krätzige Kreatur – oder ich werde dich in die Mangel nehmen und zu Krenfleisch verarbeiten!

Loss di eimargeriern – sunst moch i di streichfähig und schmia di in d' Hoa!
Lass dich einmarinieren, sonst werde ich dich streichfähig machen und ins Haupthaar schmieren!

Moch Meter, du modiger Motschkerer – sunst moch i da Spaghettihaxn mit Bluatsoß!
Such das Weite, du madiger Miesmacher – sonst werde ich dir Spaghettibeine mit Bluttunke machen!

Putz di, du frechs Früchterl – sunst vaputz i di mit Butz und Stingl!

Verroll dich, du freches Früchtchen – sonst fresse ich dich mit Haut und Haar!

Reiß an Kropfn, Kropfata – sunst drah i di duach'n Fleischwoif, dass d' a Laberl wiast!
Krebs fort, Kropfträger – sonst werde ich dich durch die Faschiermaschine drehen, sodass du als närrisches Fleischkräpfchen endest!

Vazupf di – sunst rupf i di wiara hinichs Hendl und schick di zum „Wienerwoid"!
Mach die Meise – sonst werde ich dich rupfen wie ein verendetes Huhn und an die einschlägige Systemgastronomie verfrachten!

Ziag o, schiacha Ziagl – sunst ziag i di aus wiaran Strudltaag und füü di mit Rossöpfn!
Zieh ab, hässlicher Backstein – sonst werde ich dich ausrollen wie einen Pastetenteig und mit Pferdeäpfeln füllen!

I faschier di, dass d' auf dar Erd knotzt wiara stingats Gsöchts!
Ich werde dich faschieren, dass du am Boden hockst wie ein stinkendes Stück verdorbenes Selchfleisch!

DeR HiNTeRFoTzige SchMäH

Einführung

Ein Essay von Robert Menasse über ein ehemaliges Bordell in Wien-Mariahilf trägt den treffenden Titel *„Es wäre nicht Wien, wenn es wäre, wie es scheint"*. Wie wahr: Die güldene Kammer des Wienerherzens verfügt über einen zumindest doppelten Boden, in dessen ausgedehnten Hohlräumen sich all das abgelagert hat, was im Lauf der Zeit kontinuierlich unter den Teppich gekehrt wurde.

Apropos Teppich und Schein: Vor dem Zweiten Weltkrieg gab es in Wien ein Teppichhaus, dessen jüdischer Besitzer den schönen Nachnamen „Schein" trug. Dies bewog einen seiner Konkurrenten dazu, sein eigenes Teppichgeschäft mit einem zwar nicht klagbaren, aber doch unmissverständlichen Slogan zu bewerben: *„Der Schein trügt!"*

Schmähführung

Doppelbödige Hilfsangebote

Na woat, dir weari glei höfn!
Na warte, dir werde ich gleich einmal kräftig unter die Arme greifen!

Soda, jetzt wirst mi glei kennanlernan – do kenn i nix!
Also gut, jetzt werde ich es dir zeigen – und zwar gnadenlos!

Jetz wear i da wos learnan, wos d' dei Lebtog net vagisst!
Ich werde dir jetzt etwas beibringen, das du dein Leben lang nicht vergessen wirst!

Jetz bist dran – jetz gfrei di!
Jetzt werde ich mir dich einmal vornehmen – da kannst du dich auf etwas gefasst machen!

„Kumman S', gengan S'!" – „Gengan S', kumman S'!"
„Seien Sie doch so gut und gehen Sie!" – „Ach, seien Sie doch nicht so und kommen Sie her!"

„Kumman S' oda gengan S'?" – „Oisa, waunn Se kumman, gengan mia!"
„Kommen Sie gerade oder sind Sie im Gehen begriffen?" – „Nun, wenn Sie kommen, dann gehen wir!"

„A, Se gengan aa scho! Wos is, foah ma zsamm?" – „Waunn i Ihna siech, foahr i eh oiweu zsamm!"
„Ach, Sie sind auch schon im Gehen! Wie wär's, zuckeln wir zusammen los?" – „Wenn ich Sie sehe, zucke ich ohnedies immer zusammen!

Waunnst mar aso kummst, kumm i da glei gaunz aundast!
Wenn du dich nicht anders benehmen kannst – bitte, ich kann auch anders!

Schau dazua, dass d' schaust, dass d' weidakummst, sunst wiast glei schaun!
Mach, dass du wegkommst, sonst wirst du gleich Augen machen!

Zwiespältige Aufforderungen

Samma's boid? Weu waumma's net boid san, daunn vasam ma's!
Sind wir bald bereit zum Aufbruch? Denn wenn wir nicht bald aufbrechen, dann versäumen wir es!

Aufpassn: Waunn's eam aufhaut, samma aufghaut!
Obacht: Wenn er hinfällt, dann stehen wir schön da!

Setz di hii – sunst setzt's wos!
Nimm Platz – sonst platzt mir der Kragen!

Trau di – waunnst di traust!
Versuch es nur – falls du es wagen solltest!

Ob sa si dafiasteht, waaß i net – owa duachstehn wear i's trotzdem!
Ob es sich auszahlt, kann ich nicht sagen – aber ich werde dennoch durchhalten!

Moch kane Gschichtn – daunn gschiecht da nix!
Widersetze dich nicht – dann kommst du ungeschoren davon!

Solaungst eam am Schniarl host, rennt eh ois wiar am Schniarl!
Solange du ihn am Gängelband führst, geht ohnehin alles glatt!

Wosch mar in Pöz – owa moch mi net noss!
Kratz mir den Buckel – aber rühr mich nicht an!

De Scheabn vo dera Scheaglprothesn kaunnst da aus'm Nocht-scheabn außekletzln!
Die Scherben dieser Brille kannst du dir aus dem Nachttopf heraus-suchen!

Des glaub i dar eh, dass d' mi geanhobn tatast – owa des waaßt eh, dass d' mi geanhobn kaunnst!
Das glaube ich dir schon, dass du mich gernhättest – aber du weißt ohnehin, was du mich kannst!

Abschätzige Einschätzungen

Des is a Witz – und no dazua hot's iwahaupt kan Witz!
Das ist eine Frechheit – und noch dazu völlig sinnlos!

Host des gheat? Sowos gheat si owa wiaklich net! Do gheat scho wos dazua!
Hast du das schon gehört? So etwas gehört sich aber wirklich nicht! Das ist doch unerhört!

Der Standler is imstand und geht aus'm Stand in Stand!
Dem Marktverkäufer wäre es zuzutrauen, dass er ohne Umschweife in den Krankenstand geht!

Kraunk warat a eh und bei Kassa is a aa net – owa de Kraunknkassa wü eam trotzdem net!
Er ist krank und seine Kasse ist leer – aber die Krankenkasse will ihn dennoch nicht!

Der Dieslwecka geht jo noch da Simmaringa Wossaleitung!
Dieses dieselgetriebene Chronometer orientiert sich ja an höchst unzuverlässigen Parametern!

Der damische Konfusionsrat varwechslt jo ois mit da Kraunknkassa!
Dieser schwindlige Chaotiker versteht ja nur mehr Bahnhof!

Der muass an Huscha haum: Grinst in ana Tour wiara frisch lackierts Hutschpferd!
Der hat ja wohl einen Knall: Lächelt in einem fort wie ein frisch bemaltes Schaukelpferd!

Er siecht si nimma auße – owa eisegn tuat as aa net!
Er weiß nicht mehr ein noch aus – aber dennoch zeigt er keinerlei Einsicht!

Er hot vü mitgmocht – owa do kummt a nimma mit!
Er hat viel Schweres durchgemacht – aber da kann er geistig nicht mehr folgen!

Er hot's leitn gheat – owa net schlogn!
Er hat die Rede zwar vernommen – nicht aber ihren Sinn verstanden!

Des Anziche, wos bei denan daham guat aufglegt is, des is da Telefonhöra!
Bei denen zu Hause ist nur der Telefonhörer gut aufgelegt!

Bevuar a si amoi auf d' Hintafiaß stöllt, losst a si do liawa a Hintatiarl offn!
Anstatt einmal energisch aufzutreten, hält er sich doch lieber einen Rückweg offen!

Waunn si der a Haund bricht, daunn hot ar an Sprochföhla!
Ohne heftiges Gestikulieren kann er sich gar nicht richtig ausdrücken!

Geh, der hot do goa kane Gschroppn! Des Anziche, wos der aufzogn hot, is da Rotz!
Aber der hat doch überhaupt keine Kinder! Das Einzige, was der jemals aufgezogen hat, ist sein Nasenschleim!

Na, des is a Mischkulanz in dera Mischpoche – a Mischmasch wiar aus da Mischmaschin!
Na, das ist vielleicht eine wilde Mischung in dieser Verwandtschaft – ein Gemisch wie aus einer Mischmaschine!

Den Wedahauhn deafst net ollas glaubn – do is des meiste a söbstgmochts Weda!
Diesem Wendehals darf man nicht alles glauben – meistens täuscht er nur etwas vor!

De wurlate Wepsn hob i scho de längste Zeit auf da Westn!
Dieses fahrige Frauenzimmer belästigt mich schon seit Langem!

Um den sein kniawaachn Lavendlschmäh is a Griß wia ums saure Bier!
Für sein halblustiges Gefasel interessiert sich doch keine Menschenseele!

Heast, wo du do umanaundaschnuppast und mit'm Schwaunz wedelst, duatn brunz i do net amoi hii!
Höre: Das, was dich da über alle Maßen begeistert, kostet mich doch nicht einmal ein müdes Achselzucken!

Handwerkliche Härten

Da Tischla hot mi gleimt – des Kastl geht scho wieder aus'm Leim!
Der Tischler hat mich betrogen – das Kästchen fällt schon wieder auseinander!

Der Schuasta redt vielleicht an Stiefl zsamm!
Dieser Tölpel schwätzt ja ganz schön belämmert daher!

Red net so vawoschn daher – oda bist leicht a windlwaaches Woschweib?
Drück dich etwas klarer aus – oder bist du etwa ein profilloser Schwätzer?

Geh, schleich di auf d' Seitn – dei Vota woa ka Glosara!
Geh mir schleunigst aus der Sicht – du bist schließlich nicht durchsichtig!

Bei dera rachitischn Reibn riat si nix und reibt si nix!
Dieses leistungsschwache Gefährt hat völlig den Geist aufgegeben!

Waunn de Gschicht aso duachgeht, daunn friss i an Besn – mitsamt da Putzfrau dazua!
Also, wenn die Sache so ausgeht, dann fresse ich mal einen Besen samt Putze!

Vafluacht und zuagnaht: Des Göd hot a si eignaht, de Schneidergaaß – owa des Kladl hot a ma net gnaht! Der gherat jo eignaht!
Verdammt und zugenäht: Das Geld hat sich der Schneider zwar behalten – das Kleid hat er aber nicht genäht! Der sollte ja eingesperrt werden!

**Der poppiche Pappnspengler kräut jetzat eh scho am Zahn-
fleisch daher!**
Der hochnäsige Zahnarzt hat jetzt ohnehin schon völlig abgewirt-
schaftet!

Gschrian hot a wiar am Spieß – no, hob i hoit in Spieß umdraht!
Er hat gebrüllt, als würde er am Spieß stecken – nun, da habe ich die
Sache eben selbst in die Hand genommen!

De bissige Beißzaungan is a Hammer!
Diese keifende Zankliese ist ein niederschmetterndes Erlebnis!

Pekuniäre Probleme

Des is a Stierkämpfa: Der kämpft ollarweu gegns stier sei!
Er ist ein Pleitegeier: Er geiert ständig, um nicht pleitezugehen!

Der stranznstade Strizzi schloft eh bei da greanen Bettfrau!
Dieser obdachlose Gauner übernachtet ohnedies auf der grünen
Wiese!

**Der krocht wiara Kaisersemml – woascheinlich frisst a eh scho
in Kitt aus d' Fensta!**
Der ist abgebrannt wie einst das Böhmerland – wahrscheinlich er-
nährt er sich schon vom Fensterkitt!

**Mia ham si de längste Zeit an Lenz gmocht und san auf Lepschi
gangan – owa darweu haum si in da Gham de Schuidn gaunz
sche gleppert!**
Lange haben wir uns eine schöne Zeit gemacht und waren fröhlich
unterwegs – aber währenddessen sind die Schulden unversehens
kräftig angewachsen!

**Fria is a im Göd gschwumman – owa jetzat schwimmt a sche
laungsam owe!**

Früher hatte er Geld wie Heu – aber jetzt klammert er sich schon an jeden Halm!

Der hot sei gaunzes Gerschtl aunbaut – owa de Erntn is leida ausgfoin!
Er hat sein gesamtes Vermögen investiert – aber leider nichts davon zurückerhalten!

Fria woar a hochweiß – owa jetz is a komplett nega!
Früher stand er blendend da – aber nun ist er völlig abgebrannt!

Der dickschädlerte Schlendrian hot si in Schädl aufgsetzt und ois am Schädl ghaut!
Der starrköpfige Leichtfuß hat auf stur geschaltet und alles verprasst!

Der liegt auf da Dackn und deckt si mit da Bruckn zua!
Er ist am Boden zerstört und noch dazu obdachlos!

Jo, waunn a lumpn geht, daunn losst a si net lumpn!
Ja, wenn er zum Vergnügen ausgeht, dann zeigt er sich durchaus freigiebig!

Waunnst ma mei Knedl net zruckgibst, daunn wer i da's gebn: Do kriagst da's vo mia!
Wenn du mir mein Geld nicht zurückgibst, werde ich es dir heimzahlen und es dir gründlich besorgen!

Den Schwindlmeier loss ma schwitzn, bis a vo söwa schwitzt!
Diesen Gewohnheitsschwindler lassen wir so lange baumeln, bis er das Geld aus eigenem Antrieb ausspuckt!

Guat und sche – owa wohea nehman und net stöhn?
Sei es, wie es sei – wo nichts ist, hat man keine Wahl!

Jetzt auf amoi hot a Kreidn gfressn – owa aa nua, weul a so tiaf in da Kreidn steht!

Jetzt wird er plötzlich ungemein freundlich – aber auch nur, weil er so hohe Schulden hat!

Der Negerant hot jo nix mehr – der kaunn si ois ins Westntaschl steckn!
Dieser Pleitier hat alles verloren – seine sämtlichen Besitztümer hätten in seiner Westentasche Platz!

Waunn a net eh scho nebn d' Schuach geht, daunn trogt a hechstns Theaterschuach mit Notausgang!
Wenn er nicht ohnehin schon fürbass einherschreiten muss, so trägt er bestenfalls Sandalen mit Löchern!

Dass der nebn d' Schuach geht, des is eh kloa wia Schuachwix!
Dass der am Hungertuch nagt, ist ohnehin klar wie Kloßbrühe!

Der gsteppte Sepp hot den Deppn gneppt!
Der blatternarbige Josef hat diesen Blödmann übervorteilt!

Na hawedehre, des is owa a stoiza Preis fia so a klane Stöllasch – de kaunn ma gstoihn bleibn!
Also wirklich, das ist aber ein schwer überhöhter Preis für so ein kleines Gestell – da verzichte ich gerne darauf!

Red ka Blech, sunst blechst glei no amoi de volle Läng!
Erzähl keinen Quatsch, sonst zahlst du noch doppelt drauf!

Auf den Schoder bin i nix neigierich – den kaunnst ausstrahn!
An diesem Kleingeld bin ich nicht interessiert – das kannst du aussäen!

Des hot ma a Massa Göd kost – owa i hob eh no a Masn ghobt, dass i net no mehr oglegt hob!
Das hat mich eine Menge Geld gekostet – aber dabei habe ich noch Glück gehabt, dass ich nicht noch mehr verloren habe!

Fria hob i jedn Schülling zwamoi umdraht – owa jetzat mit'm Euro kenn i mi hint und vuan nimma aus!
Früher habe ich auf jeden Schilling doppelt geschaut – aber jetzt mit dem Euro kenne ich mich einfach nicht mehr aus!

Den Kren loss ma brandln, bis a schwoaz wiad!
Dieses willige Opfer lassen wir zahlen bis zum Sankt-Nimmerleins-Tag!

Des is a gaunz a brennda Hund – der hot do no nia wos brennt!
Das ist ein ganz gerissener Kerl – der hat hier noch nie etwas berappt!

Do hot a hundat Gschaftln – owa vua lauta Gschaftlhuawarei kummt a eascht zu nix!
Da hat er nun zahllose kleine Verpflichtungen, kommt aber vor lauter Geschäftigkeit gar nicht dazu, sie wahrzunehmen!

Zweifelhafte Sparmaßnahmen

Die Mütze wird jemandem von hinten über die Augen gezogen:
„Liacht spoan!", hot da Kaiser gsogt!
Der Kaiser hat Sparmaßnahmen bei der Beleuchtung angeordnet!

Heast, wos losst denn z' Mittog des Liacht aun? Wüst leicht in hölliachtn Tog d' Augn ausbrennan?
Sag, warum hast du denn zu Mittag das Licht eingeschaltet? Möchtest du etwa den hellen Tag blenden?

Dem gherat jo amoi a Liacht aufgsteckt, dass a siecht, wos do gspüt wiad!
Den müsste man einmal gründlich aufklären, damit ihm klar wird, was hier vorgeht!

Daunn setz di hoit am Ofn auffe, waunnst no ollerweu schewast, dafrorana Gfreadüwe!

Nun, dann nimm eben auf dem Ofen Platz, wenn du noch immer bibberst, du frierfreudige Frostbeule!

Mei Tschesn wüst dar ausleichn? Nuar iwa mei Leich – de Kraxn buag i da net um de Buag!
Mein Auto willst du dir ausborgen? Nur über meine Leiche – das Gefährt borge ich dir um keinen Preis der Welt!

Oisa vo mia aus loss ma de gschissane Gschicht ins Wossa foin – owa net, dass s' ma daunn wieda auftaucht!
Also meinetwegen können wir diese unangenehme Angelegenheit vergessen – aber nur dann, wenn sie nie wieder zur Sprache kommt!

Waunn s' ma do amoi draufkumman – na, do wiad's eascht a Zischlarei gebn!
Wenn das einmal auffliegt – na, da wird erst eine Tratscherei losgehen!

Eigenartige Ereignisse

Zeascht hot a no woin aufdrahn – owa daunn is a dogstaundn wia da Butter in da Sunn!
Anfangs wollte er sich noch ereifern – dann jedoch ist er nur völlig hilflos herumgestanden!

Do is dera goschertn Lavuapappn glei amoi de Lod owegfoin!
Da ist diesem frechen Großmaul die Kinnlade vor Überraschung nach unten geklappt!

Aufpudlt hot a si wia net gscheit – owa bsundas gscheit woara net!
Er hat sich zwar über alle Maßen wichtig gemacht – aber maßlos klug war er nicht!

I hob eam eh de Mauer gmocht – owa er is voi aungstaundn!
Ich habe ihm ohnehin Rückendeckung gegeben – aber er hat keinen Ausweg gesehen!

Na, des san vielleicht Zuaständ – do kriag i jo olle Zuaständ, waunn i nua dran denk!
Also, das sind ja schöne Verhältnisse – allein der Gedanke daran macht mich schwindeln!

De Mödung hob i ma net vabeißn kennan – owa des hot a daunn net vakieflt!
Diese Bemerkung konnte ich mir nicht verkneifen – aber das hat er dann nicht vertragen!

An gaunzn Schub Flüchtling hot der Schubiak per Schub oschiabn lossn!
Eine ganze Flüchtlingsgruppe hat dieser charakterlose Kerl mittels Ausweisungsbescheid abschieben lassen!

Den haum s' sauwa rasiat – ka Wunda, dass ar an Rappl kriagt hot!
Den haben sie in eine äußerst schwierige Lage gebracht – kein Wunder, dass er einen Wutanfall bekommen hat!

Des glaubst jo net: Der hot a Marschierpuiver gfressn und daunn auf marod gmocht!
Das ist ja unglaublich: Er hat ein Abführmittel genommen und dann den Kranken gespielt!

Na maanst, der huafkraunke Huanbankert warat um an Deka schnöller gangan?
Aber glaubst du, dieses fußmarode Hurenkind wäre auch nur eine Spur schneller gegangen?

Der is noch Steirisch-Kongo zogn, wo s' d' Erdöpfn mit'm Stopplziaga ausgrobn!
Der Herr ist ins Burgenland übersiedelt, dorthin, wo sie die Kartoffeln mit dem Korkenzieher ernten!

„Host eam leicht wos wegagnumman?" – „Najo, wia ma's nimmt!"
„Hast du ihm etwa etwas entwendet?" – „Nun ja, je nachdem, wie man es wendet!"

Mit dera Fama hot a ma den Faung komplett vamasslt!
Mit diesem Gerücht hat er mir das Geschäft gründlich versaut!

A so a bleda Blitzgneißer – do hot a si jo wieda amoi blamiert bis auf d' Baana!
So ein begriffstütziger Idiot – da hat er sich ja wieder einmal bis auf die Knochen blamiert!

Um den Gscheadn hot si eh ka Mensch gscheat!
Um dieses Landei hat sich ohnedies niemand gekümmert!

Se haum eam eh scho auf da Schaufl ghobt – und daunn haum s' no a Schäuferl nochglegt!
Sie haben ihn ohnehin schon zum Narren gehalten – und dann haben sie es noch bunter getrieben!

Do is eam aso de Goi iwagangan, dass a de Gogerlfrasn kriagt hot!
Da hat er sich dermaßen geärgert, dass er einen Tobsuchtsanfall erlitten hat!

Er is vo da Maschekseitn kumman – owa außemarschiert is a beim Vuadatiarl!
Er ist von der Hinterseite gekommen – aber bei der Vordertüre hinausspaziert!

Der zadruckte Zuatroger is ma uandlich zuwegstiegn – owa i hob eam glott otropfn lossn!
Dieser unansehnliche Gerüchte-Kolporteur ist ausgesprochen zudringlich geworden – ich aber habe ihn kalt abgewiesen!

Fragwürdige Ratschläge

Speib di amoi uandlich aus – nochhea is da leichta!
Schütte mir doch einmal dein Herz aus – das wird dir sicher Erleichterung verschaffen!

Obacht – es san Schindln am Doch!
Vorsicht – es gibt Lauscher an der Wand!

Dera Hockn wea ma aa no an Stü findn!
Diese Sache werden wir schon noch in den Griff bekommen!

Wos is, steh net do wiara Hockstock!
Was ist denn los, steh da nicht reglos herum wie ein Hackstock!

Bevuas d' da de unnediche Hockn antuast, kaunnst glei Wossa in d' Donau trogn!
Anstatt diese überflüssige Arbeit in Angriff zu nehmen, könntest du gleich Eulen nach Athen tragen!

Nimm di liawa söwa amoi bei da Nosn, bevuas d' an aundan wos auhängst!
Gesteh dir doch lieber selber etwas ein, bevor du jemand anderen beschuldigst!

Moch dar an Knopf in d' Nosn, dass d' net aufs Schneizn vagisst!
Knüpf dir doch einen Knoten in die Nase, damit du nicht auf das Schnäuzen vergisst!

Des gaunze Wischi-Waschi gherat jo in an Aufwoschn wegagschwappt!
Dieses ganze sinnlose Geschwätz sollte man in einem einzigen Waschgang wegspülen!

Den klan Stessl muasst ständich stessn – sunst losst ar ois liegn und steh!

Den kleinen Dickwanst musst du fortwährend ermahnen – ansonsten lässt er alles ungeordnet zurück!

An so an Ignorantn deaf ma jo net amoi ignoriern!
Für einen derartigen Ignoranten wäre Missachtung ja noch eine viel zu geringe Strafe!

Mit so ana schiachn Schicksn soi ma ka Schindluada treibn!
Mit einer derart hässlichen Schlampe sollte man keinen ungebührlichen Missbrauch treiben!

Des bringat da grod so vü, wia waunnst an Derrischn an guadn Muagn gabast!
Das wäre ebenso zielführend, wie einem Tauben einen Guten-Morgen-Gruß zu entbieten!

Loss in Nipf net hängan – den Giftnigl wiad's aa no darennan!
Lass den Kopf nicht hängen – dieser Zornbinkel wird auch noch einmal drankommen!

Steck dar a Begleisn ei, Zwirnblader, dass di da Wind net vatrogt!
Steck ein Bügeleisen ein, du zaundürrer Kerl, auf dass dich der Wind nicht verwehe!

Waunnst bei so an Bruch Manschettn host, kaunnst da glei de Ochta anmessn lossn!
Wenn du bei diesem Einbruch kalte Füße bekommst, lässt du dir am besten gleich Handschellen anlegen!

Der Kautschukparagraf is a Gfoa – mit den bist gschwind amoi eignaht!
Diese höchst dehnbare Gesetzesbestimmung ist gefährlich – die kann dich schnell ins Gefängnis bringen!

Geh, hea ma auf: Des Göd hot do ka Mascherl! – Eh net, owa di haum s' dafia schnö beim Krawattl!

Ach, hör doch auf: Dem Geld sieht man seine Herkunft doch nicht an! – Das nicht, aber dich haben sie dafür schnell am Kragen!

Geh ham wohnan, da Zins is teia!
Geh nach Hause und wohne ein wenig – die Miete ist hoch!

Mit den Fetznlaberl reißt owa ka Leiberl!
Mit diesem Lumpenball wirst du aber keine großen sportlichen Erfolge feiern!

Vua dera Huanbagasch muasst auf da Huat sei – de steckn olle untar an Huat!
Hüte dich vor diesem korrupten Gesindel – die stecken alle unter einer Decke!

Mit den sierichn Hungerl hob i eh nix am Huat!
Mit diesem gierigen Geizhals will ich ohnehin nichts zu tun haben!

Ziag in Wurschtlproda – du tuast jo eh ois vawurschtln!
Übersiedle in den Wurstelprater – du bringst ja ohnehin alles durcheinander!

I pock di nimma, du Packler – pock di zsamm und loss di ois a Packl vaschickn!
Ich kann dich nicht länger ertragen, du Betrüger – pack deine Sachen und lass dich als Postpaket verschicken!

Gib di auf oisa Unfrankierter – sunst schlatz i da ins Briafkastl!
Wirf dich ein als unfrankierter Brief – sonst spucke ich dir in den Briefschlitz!

Heast, spuck dar aum Nowe, moch an Köpfla und tauch o!
Hör einmal, lass mich in Ruhe, kümmere dich um deine eigenen Angelegenheiten und verschwinde!

Geh sei so guad, moch de Wöd schena und häng di auf!
Ach, wären Sie doch bitte so liebenswürdig und würden ein wenig
zur Verschönerung der Welt beitragen, indem Sie sich eigenhändig
aus ihr entfernen!

Unterschwellige Unterstellungen

**Schau eam aun, den unnedichn Koffer – jetzat steht a do wia
bschtöt und net oghoit!**
Sieh dir diesen überflüssigen Dussel an – nun steht er da wie be-
stellt und nicht abgeholt!

He, du Noarndattl – de Noarn haum di griaßn lossn!
Hallo, alter Tatterer – die Narren lassen ihren Kollegen schön
grüßen!

**Waunnst dem hinterfotzign Kräuler in Ruckn zagst, haut a da
glei s' Hackl ins Kreiz!**
Wenn man diesem heimtückischen Kriecher den Rücken zuwen-
det, dann steckt sofort sein Messer drin!

**Der valogane Zuatroger hot si de gaunze Gschicht aus de Fin-
ger zutzlt!**
Dieser lügenhafte Gerüchteverbreiter hat die ganze Angelegenheit
frei erfunden!

De oide Dreckschleudern hot jo söwa gnua Dreck am Steckn!
Diese alte Gerüchteköchin hat ja selber genug auf dem Kerbholz!

Der fiese Filou is jo mit olle Soibn gschmiart!
Dieser miese Mistkerl ist ja mit allen Wassern gewaschen!

Der schundiche Schoafmocha hot's eh scho laung schoaf auf mi!
Dieser schäbige Stänkerer hat es schon die längste Zeit auf mich
abgesehen!

In dera Hittn fliagn d' Hackln so tiaf, dass d' dauand buglat geh muasst!
In diesem Bau wird dermaßen niederträchtig intrigiert, dass man ständig auf der Hut sein muss!

Da Bodn is jo net gaunz unebn – owa ebn aa net gaunz ebn!
Der Boden ist ja nicht wirklich unschön – aber eben auch nicht ganz eben!

Waunn i den grindichn Giftzwerg nua siech, geht ma glei 's Gimpfte auf!
Wenn ich diesen schmierigen kleinen Bosnigl nur erblicke, sehe ich schon blutrot!

Waunn i den Windmocha a weng zuahuach, daunn waaß i eh glei, woher da Wind waht!
Wenn ich diesem Wichtigtuer ein wenig zuhöre, dann werden mir die Hintergründe ohnehin rasch klar!

Olle Tog hot de Oide ihre Zuaständ – des is jo ka Zuastand net auf Dauer!
Tagtäglich hat die Frau ihre Anfälle – das ist ja auf die Dauer nicht mehr auszuhalten!

De iwakandidlte Nudl singt so foisch, dass an de Zechnnägl aufroit!
Diese überdrehte Fuchtel singt so falsch, dass es einem die Zehennägel aufstellt!

Dera Bassenatratschn zarreißt's no amoi in Darm, waunn's beim Mäu net außekaunn!
Diesem Waschweib wird es noch das Gedärm zerreißen, wenn sie einmal nicht tratschen kann!

Der Fladerant findt hoit dauand wos, wos a goa net valuan hot!
Dieser notorische Dieb findet eben ständig Dinge, die er gar nicht verloren hat!

Schäbige Stänkereien

De Pfeifn spüt stingade Tanz – do is wos gfäut mit den hinichn Kreiwö!
Die Pfeife gibt seltsame Geräusche von sich und riecht ekelhaft – da stimmt etwas nicht mit diesem lädierten Gerät!

Jo glaubn S', i wea ma wegn Ihna an Lungandaumpf hoin?
Bilden Sie sich nur ja nicht ein, dass ich Ihretwegen durch Überanstrengung meine Gesundheit gefährden werde!

In dera Quetschn stehst jo scho beim Quetschnspün aun!
In dieser winzigen Wohnung kann man ja nicht einmal Ziehharmonika spielen!

Den Schnösiada kaunnst jo in an Kaffeehäferl parkn!
Für diesen Kleinstwagen wäre eine Kaffeetasse als Garage völlig ausreichend!

Muagn is Trampl im Kalenda – do hot s' Namenstog!
Morgen steht „Tölpel" im Kalender – das muss ihr Namenstag sein!

De blade Blunzn is bled wia de Nocht: Dera kaunnst ans ausetzn, ohne dass iwareißt, wo sa's herhot!
Diese füllige Maid ist dümmer als ein Bündel Stroh: Die kannst du schwängern, ohne dass sie begreift, wo dieser Segen herrührt!

Der grissane Gierramml vagunnt da jo net amoi wos schwoaz is untan Nogl!
Dieser durchtriebene Gierhals gönnt einem ja nicht einmal den Dreck unter den Fingernägeln!

Auf Ihna hob i gwoat – Se haum ma grod no gföht!
Sie kommen höchst ungelegen – Sie sind der Nagel zu meinem Sarg!

DER TIERISCHE SCHMÄH

Einführung

Dass der Wiener ein großer Tierfreund vor dem Herrn ist, gehört zwar zu den am meisten strapazierten Klischees, entspricht aber unbestreitbar der Wahrheit. Selbstverständlich gilt das nicht für alle Wiener – und auch nicht für alle Viecher.

An der Spitze der Beliebtheitsskala steht klarerweise unangefochten der Hund, oder besser im zärtlichen Diminutiv gesagt: das Hunderl – auch wenn es sich bei dem solcher Art angesprochenen Tier um einen kalbsgroßen Neufundländer handeln sollte.

So einem lieben Hunderl wird natürlich so ziemlich alles nachgesehen und verziehen: Selbst wenn ein kleiner Spaziergang zu einem akrobatischen Tempelhüpfen zwischen kindskopfgroßen Scheißhaufen ausartet – das Wienerherz versteht und verzeiht. Und manchmal erscheint einem die Schreckensvision des Musikers Roland Neuwirth gar nicht so unrealistisch, wenn er in seinem Lied *„Wenn am Abend ein zärtliches Bellen erklingt"* befürchtet, dass Wien eines Tages völlig zugeschissen sein wird ...

Aber was soll's: Steigt der Wiener ins Exkrement, so spricht er von einem *„Tritt ins Glück"* – und von diesem kann man ja bekanntlich nie genug kriegen. Aber vielleicht ist es auch die ähnlich gelagerte Mentalität, die dem Wiener eine derart starke emotionale Bindung zum Hündischen beschert hat. Jahrhundertelang gepflogene Untertanen-Haltung verbindet eben: *„Waunn's mein Herrl guat geht, geht's mar aa guat!"*

Wie Hund und Katz verhalten sich des Öfteren miteinander in Konflikt geratene Kinder- und Hundebesitzer. Manche Mütter wollen halt partout nicht einsehen, warum das kleine *„Lackerl"* des vierbeinigen Lieblings just die Sandkiste in eine Seenlandschaft en miniature verwandeln muss oder die Kinderspielwiese vom vielen *„Gacki"* schon mehr braun ist als grün. Aber die sind ja nur neidig – weil die Kinder das nicht auch dürfen.

Auch bei den Tierfreunden gibt es strenge Abgrenzungen zwischen geliebten und gehassten Arten. Zu den unvergesslichen Figuren meiner Kindheit zählt das kinderlose alte Schwesternpaar Anna und Justine Tolloschek, beide Buchhalterinnen in Pension, die ihren Lebensabend dem Vogelfüttern geweiht hatten. Nicht allen Vögeln, wohlgemerkt: Nur den lieben Spatzerln galt ihre ganze Liebe – die bösen Tauben hingegen haben sie verabscheut.

Ob ihr Hass allerdings so weit ging, dass sie, wie von Georg Kreisler propagiert, in den Park Tauberln vergiften gingen, möchte ich doch eher bezweifeln – schließlich hätte das ja auch ihre geliebten Spatzerln gefährdet. Aber gelegentliche energische Tauben-Verscheuchungsaktionen mit kühn geschwungenem Gehstock kann ich selbst glaubhaft bezeugen.

Schmähführung

Viehisches

Na seavas – des is jo a Viech vo an Menschn!
Aber hallo – das ist ja nun ein urwüchsiger Typ!

I hob an so an Viechszuan – i kunntat am Plafond kräun!
Ich habe eine tierische Wut – am liebsten würde ich bis zur Decke springen!

Es is a Viecharei: Zeascht hob i kotzt und jetz hob i an Koda!
Es ist tierisch arg: Zuerst habe ich gereihert und jetzt habe ich einen Kater!

Am liabstn gehri in d' Menascherie, waunn de Viecha zua Menasch gengan!
Am liebsten besuche ich den Zoo, wenn die Tiere gerade gefüttert werden!

Katzenhaftes

De Kotz putzt si – wiast segn, heit kummt no wea z' Bsuach!
Die Katze putzt sich – du wirst sehen, heute bekommen wir noch Besuch!

I hob eh gleit und klopft wia net gscheit – owa es woa ka Kotz z' Haus!
Ich habe ohnehin wie verrückt geläutet und geklopft – es war aber keine Menschenseele zu Hause!

Der windige Wappler woa so baff, dass a gschaut hot wia d' Kotz, waunn's dunnat und blitzt!
Der dusselige Blödmann war dermaßen erstaunt, dass er eine Miene aufgesetzt hat wie die Katze beim Gewitter!

Loss de Kotz endlich aus'm Sock auße – des kauf i da sunst net o!
Heraus mit der Wahrheit – sonst glaube ich dir nicht!

Bis de Gschicht duach is, gengan da Kotz de Hoa aus!
Bis die Angelegenheit erledigt ist, kann es noch sehr lange dauern!

Der is so sierig, dass a net amoi ana schreiadn Kotz wos gabert!
Er ist so geizig, dass er nicht einmal einer schreienden Katze etwas abgeben würde!

Ob si der kotzgrobe Kotzbrockn driwa aufregt, do schert si ka Kotz drum!
Ob sich dieser saugrobe Widerling darüber aufregt, interessiert doch absolut niemanden!

Zweng dera buglertn Buberlpartie mocht de Kotz kan Bugl!
Diesen unterwürfigen Jungschleimern sollte man am besten mit Gleichgültigkeit begegnen!

Oiweu waunn s' ihr Regl hot, is mei Oide grantich wiara trogade Kotz!
In der Zeit der Menstruation ist meine Frau immer so missgestimmt wie eine trächtige Katze!

Heast, noch'm Kriag hamma sogoa Dochhosn gfressn!
Bitte, in der Zeit nach dem Krieg haben wir sogar Katzen verspeist!

Kleintierisches

Des Miafardl miachtlt wiara Mistgstettn!
Dieses Meerschweinchen stinkt wie eine Mülldeponie!

Schickt da Herr a Haserl, daunn schickt ar aa Graserl!
Gott der Herr wird für seine Kinder schon sorgen!

Moch kane Manderln, Haserl – sunst nimm i di her, dass d' nimmer waaßt, obs d' a Manderl oder a Weiberl bist!
Mach keine Sperenzchen, du Küken – sonst nehme ich dich mir vor, bis du nicht mehr weißt, ob du ein Männchen oder Weibchen bist!

Na, mit den quenglertn Quögeist hamma si scho a uandliche Laus in Pöz gsetzt!
Also, mit diesem quengeligen Quälgeist haben wir uns ja einen lästigen Zeitgenossen angelacht!

Der schundiche Schmutzian schindt sogoar a Laus uman Boig!
Dieser fiese Ausbeuter zieht sogar einer Laus das Fell über die
Ohren!

**Geh beule – sunst beidl i di aus'm Gwaund, du lästiche Gwaund-
laus!**
Schieb ab – sonst schüttle ich dich aus der Kleidung, du lästige Laus!

**Der Grantscheabn hot an Hamur wiara Kreizspinn, waunn
ausgmoint wiad!**
Dieser Miesepeter befindet sich in einer Stimmung wie eine Kreuz-
spinne, wenn frisch ausgeweißt wird!

Des anziche Haustier, wos der hot, is da Bodnlurch!
Das einzige Haustier, das er sich hält, ist der am Boden kriechen-
de Schmutz!

**I passier di duach's Kanäugitter, dass de Rotzn glaubn, es regnt
Ketchup!**
Ich werde dich durch das Kanalgitter passieren, dass die Ratten
meinen, oben würde es Ketchup regnen!

Jeda Rotz steht auf sein Kanäu!
Heimatliebe kennt keine Grenzen!

Federviehisches

Ma kennt seine Vogerln an die Fliagln!
Zeig mir, wie du tust, und ich sag dir, wie du bist!

Heast, moch de Tia zua – do ziagt's jo wiar in an Voglhäusl!
He, schließ die Türe – hier zieht es ja wie in einem Vogelkäfig!

Steig owe vo dein Sprießl, du aufblosana Kanari!
Steig herunter vom hohen Ross, du aufgeplusterter Kanarienvogel!

Friss Vogl oda stiab!
Beiß in den sauren Apfel – oder verhungere!

Der redt wiara Powerl, der sei Spriachal hersogt!
Er spricht wie ein Papagei, der ein eingelerntes Sprüchlein aufsagt!

Der komische Vogl is volla Muckn!
Dieser seltsame Kauz hat allerhand sonderbare Eigenheiten!

Der Baffnuzi schaut so bled aus da Wäsch wia da Uhu noch'm Woidbrand!
Dieser verblüfft äugende Blödian macht so ein dummes Gesicht wie ein Uhu nach einem Waldbrand!

Der Giergeier is so sierig, der wiagt in Euro, dass da Odla quietscht!
Dieser gierige Aasgeier ist so geizig, dass er den Geldschein würgt, bis der Bundesadler quiekt!

Do drunt is finsta wiar in an Robnpopo!
Dort unten ist es so finster wie im Rectum eines Raben!

Fressn tuat a wiara Spotz – owa speibn wiara Reiher!
Er isst so spärlich wie ein Sperling – aber er reihert wie ein Reiher!

De Gschicht pfeifn jo scho olle Spotzn vom Doch!
Diese Nachricht ist ja schon in aller Munde!

Da Hendlfaunger schaut drei, ois ob eam d' Hendln 's Brot wegagfressn hättn!
Der Bauernfänger macht ein Gesicht, als hätten ihm die Hühner das Brot weggefressen!

I maan, der hot Federn – wetzt umanand wiara aufgregts Hendl!
Mir will scheinen, dass er Angst hat – er läuft ja umher wie ein aufgeregtes Huhn!

Wos tuastn goar aso gackern, Pipihenderl – host leicht a goidns Ei glegt?
Was machst du dich denn gar so wichtig, du Gänschen – hast du etwa das Ei des Kolumbus gelegt?

Geh bitte – wüst an Hendl's Eierlegn lerna?
Also wirklich – glaubst du etwa, dass du mich noch belehren kannst?

Tua weg den Hendlpudara – mit dem kaunnst klane Kinder schreckn!
Stecken Sie doch diese Kleinkaliberwaffe weg – die taugt doch höchstens als Kinderschreck!

De ogmauserte Randsteinschwoibn schaut aus wiara grupfte Henn untam Schwaaf!
Diese verlebte Straßendirne ist so unansehnlich wie der Anus eines gerupften Huhnes!

Des hättat i ma net denkt, dass ma des znepfte Hendl in Hauhn gibt!
Darauf war ich nicht gefasst, dass mir diese zerzauste Laufente den Laufpass gibt!

Wo host'n des mindajahrige Hendl zsammgfaungt? Aus da Freilandhoitung in da Rustnschacher?
Wo hast du denn dieses minderjährige Küken eingefangen? Etwa am Babystrich in der Rustenschacher Allee?

Wos wüst denn mit den bochanen Suppnhahn, Pupperl? Losst a di leicht sei Soizguarkn schöln?
Was hast du denn mit diesem homophilen Suppenhahn vor, Püppchen? Lässt er dich etwa seine Salzgurke schälen?

Waunn de iwawuzlte Suppnhenn net de Iwafuhr vasamt hätt, miassat sa si jetzt net noch an iwastandign Gockl umschaun!

Wenn es dieses verbrauchte Suppenhuhn nicht verabsäumt hätte rechtzeitig zu heiraten, bräuchte sie sich jetzt nicht nach einem überreifen Hahn umsehen!

Waunnst mi frogst, is de kropferte Kropftaubn so unnedich wiara Kropf!
Diese blähhalsige Kropfträgerin ist meiner Meinung nach so überflüssig wie ein Kropf!

De hatscherte Antn kräut daher, ois hätt s' stott Kerndln Bleischrott gfressn!
Diese lahme Ente watschelt herum, als hätte sie statt Körnerfutter bleiernen Schrott gefressen!

Der grawutische Giftnigl woa so haaß, dass a rot im Gsicht woa wiara Bipahahn!
Der aufbrausende Choleriker war so wütend, dass er puterrot im Gesicht war!

Schweinisches

A Sau bleibt a Sau – aa waunn s' a goidane Schiazn umbundn hot!
Schwein bleibt Schwein – auch wenn es sich als Priester verkleidet!

Darzöh ma kan Roman – des glaubt da eh ka Sau!
Quatsch keine Opern – das glaubt dir ohnedies kein Schwein!

De foische Sau liagt jo wiara roda Hund!
Dieses falsche Schwein lügt ja wie ein Höllenhund!

Vo den grauslichn Saufuada is zan Saufiadan do!
Von diesem widerlichen Essen ist genug vorhanden, um damit Schweine zu mästen!

Fia den Froß brauchst eh an Saumogn!
Um diesen Fraß zu verdauen, benötigt man ohnedies einen Saumagen!

Der saugrobe Sauhund geht wia de Sau vom Trog!
Dieser ausgesprochen grobe Schweinehund lässt einfach alles liegen und stehen!

**Des is a Sauschtoi iwaranaund – do gherat amoi uandlich auf-
gramt!**
Das ist ja ein Schweinestall sondergleichen – hier sollte einmal
gründlich ausgemistet werden!

Bei den Sauhaufn kennt si jo ka Sau aus!
In diesem Durcheinander kennt sich doch niemand aus!

A saumäßige Sauwirtschoft is des, dass da Sau graust!
Das ist eine derart schweinische Unordnung, dass sich sogar ein
Schwein davor ekeln würde!

Dass der saublede Sauschädl aa ollarweu a so a Sau hot!
Dass dieser elendiglich blöde Schweinskopf auch immer so viel
Glück haben muss!

**Owa sei saugrobe Saugoschn wiad eam no amoi sauteia kum-
man!**
Aber sein ausgesprochen grobes Mundwerk wird ihn noch einmal
teuer zu stehen kommen!

No, davoghirscht is a, wia de Sau brunzt!
Na, er ist im Zickzackkurs davongelaufen!

**Zisch o wiara angsengte Steppnsau – weu sunst loss i da de
Darm mit'm Rasiermesser auße!**
Flitz fort wie ein siebenmotoriges Warzenschwein – andernfalls
werde ich dein Gedärm mit dem Rasiermesser freilegen!

Geh in d' Blia, sunst bliatst wiara Sau – weu zwa, drei Liter Bluat san schnö vapritschlt!
Verschwinde, sonst wirst du gleich wie ein Schwein bluten – denn zwei bis drei Liter Blut sind schnell einmal verplätschert!

Affenartiges

Moch kane Offntanz – mia san do net im Uawoid!
Sparen Sie sich dieses lächerliche Getue – wir befinden uns hier nicht im Dschungel!

Der ihr Bua hot a Manier wiara dressierter Off!
Ihr Sohn benimmt sich wie ein abgerichteter Affe!

Der potscherte Doim hockt obn auf seina Mopettn ois wia dar Off am Schleifstaa!
Dieser ungeschickte Dummkopf sitzt auf seinem Kleinmotorrad wie der Affe auf der Schleifmaschine!

Waunn ma der Off an Bam aufschtöt, daunn schtö i eam an gaunzn Woid auf!
Wenn mir dieser Affe in die Quere kommt, dann handelt er sich Querelen sonder Zahl ein!

Der aufblosene Off is so gschnieglt, dass a glanzt wiara gwichsta Hundsbeidl!
Dieser aufgeblasene Affe ist dermaßen geschniegelt, dass er glänzt wie ein frisch polierter Hundepenis!

Kriechtierisches

Gehst auße aus'm Salod, schiacha Schneck – sunst haur i di samt'm Gwaund in d' Pfaunn!
Wirst du wohl aus dem Salat herauskommen, du hässliche Schnecke – ansonsten wirst du mitsamt der Kleidung eingekocht!

Schwing di ham auf dein Schleimfodn, du Rotzpipn – sunst wiast gwiagt, dass da de Augn außestengan wiar an Salotschneck!
Schwing dich an deinem Schleimfaden nach Hause, du Rotznase – sonst wirst du gewürgt, dass du Stielaugen bekommst wie eine Salatschnecke!

Wia de Gschicht daunn aufkumman is – no, do haum s' zünglt wia de Schlaungan!
Wie die Sache dann aufgeflogen ist – na, da haben sie vielleicht die Zunge gewetzt!

Oisa i waaß net – de Gschicht zaht und zaht si wiara Bandlwuarm!
Also ich weiß nicht so recht: Die Angelegenheit zieht sich in die Länge wie ein Bandwurm!

Hupf in Gatsch und schlog Wöön – oda i zagatsch di wiar an Regnwuam!
Spring in den Matsch und verursache Wellengang – oder ich werde dich zerquetschen wie einen Regenwurm!

I maan, den gfäudn Gödhai hot am End daunn do da Gwissnswuam gfressn!
Ich glaube, diesen widerwärtigen Wucherer haben letzten Endes dann doch seine Gewissensbisse von innen her aufgefressen!

Kräu ma owe, du rotzige Krot – sunst krocht's, dass d' nimmer kräun kaunnst!
Kriech von mir herunter, du schleimige Kröte – sonst kracht es dermaßen, dass du nicht mehr kriechen kannst!

Da Letzte, der wos ma aso kumman is, is glei im Gros glegn wiara ausbaazte Krot!
Der Letzte, der es gewagt hat, so mit mir zu sprechen, ist sofort in der Wiese gelegen wie eine zerquetschte Kröte!

Wos hätt ma soin tuan? – Hamma hoit de Krot gfressn!
Was hätten wir denn schon tun können? – Also haben wir eben den harten Brocken hinuntergewürgt!

I bring nix auße – i maan, i hob an Frosch im Hois!
Ich kann kaum sprechen – meine Kehle ist wie zugeschnürt!

Na, du bist ma vielleicht a Frostbeun – du zidast jo wiara Laubfrosch!
Also, du bist schon eine verfrorene Person – du zitterst ja wie ein Laubfrosch!

Da Letzte hot de Krot im Oasch!
Den Letzten beißen die Hunde!

Fischiges

Zu einem Unrasierten:
Host leicht gestern an Fisch gfressn, dass da de Gratn aus'm Gsicht stengan?
Haben Sie gestern Fisch gespeist? – Ihnen ragen ja die Gräten aus der Gesichtshaut!

Eigschlicht woa ma in dera Bim ois wia de Haring!
In dieser Straßenbahn waren wir so eng aneinandergepresst wie die Heringe im Fass!

Der blade Bodewaschl schwimmt jo wiara bleiana Fisch!
Die Schwimmkünste des beleibten Bademeisters bewegen sich auf tiefstem Niveau!

Der Karpf redt vielleicht an Kaas zsaumm – des is do ois fia d' Fisch!
Dieser eingebildete Dummkopf gibt ja nur Unsinn von sich – das ist doch alles für die Katz!

Der glotzaugerte Karpfn hot heit karierte Augn!
Diesem glubschäugigen Karpfen ist die durchzechte Nacht an den
Augen anzusehen!

**Wod o, Rinnsoischwoibn – sunst schwapp i di in d' Donau wiara
darsoffane Kanäuforön!**
Wate von hinnen, Rinnsalschwalbe – andernfalls werde ich dich in
die Donau schwemmen wie eine ertrunkene Ratte!

Huftierisches

Scheiß da net ins Hemad – du zidast jo wiara Lamplschwaaf!
Fürchte dich doch nicht so – du zitterst ja wie das Schwänzchen
eines Lämmchens!

**Hau di in Ocka, Furchngänger – sunst zag i da, wia ma mit da
Gaaß ockert!**
Wirf dich ins Feld, Bauerntölpel – sonst werde ich dir zeigen, wie
man mit der Ziege ackert!

**I gib dar ane aufs Doch, dass d' scheanglst wiara ogstochana
Gaaßbock!**
Ich werde dir einen Schlag auf die Schädeldecke versetzen, auf dass
du schielst wie ein frisch geschlachteter Ziegenbock!

*Spottgedicht auf das Reiterstandbild von Erzherzog Karl am Helden-
platz:*
**Und a Gaaßbock mit zwa Haxn
trogt an Reiter bucklkraxn,
in da Hand an Fetzn Fahn,
hängt a Postamentl dran!**
Und ein zweibeiniger Ziegenbock
trägt einen Reiter am Rücken umher,
der hält in der Hand eine zerlumpte Fahne,
und unten hängt noch ein Postament dran!

Geh in Proda d' Hutschpferd wassern – sunst foahr i mit dia Ringlgschpü!
Geh doch in den Wurstelprater und tränke dort die Schaukelpferde – sonst werde ich mit dir Karussell fahren!

Der Peitscherlbua kaunn si in Rennspuat aa nua leistn, weula am Giatl a poa Haflinger rennan hot!
Dieser Zuhälter kann nur deswegen beim Pferderennsport mitmischen, weil er am Gürtel mehrere Prostituierte für sich arbeiten lässt!

Heast, hirsch ma net duachs hoche Gros, du hirnwaacher Hiafler – sunst hupf i da glei am Huaf!
Hallo, lauf da nicht durchs hohe Gras, du weichhirniges Huftier – sonst werde ich dir gleich kräftig auf den Fuß treten!

Waunn ma in Esl nennt, kummt a scho grennt!
Spricht man von der Sonne, so scheint sie schon!

Eh komplett stier – owa hoatnäckich ois wiara Stier!
Ohnehin völlig pleite – aber stur wie ein Stier!

Den gschniegltn Stutzer rennt jo scho da Stier noch!
Dieser herausgeputzte Geck wird ja schon vom Pleitegeier verfolgt!

Des Rindviech hot net muh und net mäh gsogt – owa bockt hot's bis zan Umfoin!
Dieses Rindvieh hat kein Sterbenswörtchen von sich gegeben – aber bis zum Äußersten getrotzt!

I hob eam eh zuagredt wiar ana kraunkn Kuah – owa er hot afoch drauf gschissn!
Ich habe ihm ohnehin sehr geduldig gut zugeredet – er aber hat sich keinen Deut darum geschert!

Is de Kuah hii, kaunn's Keiwö aa hiiwean!

Nach einem großen Verlust fällt ein kleiner nicht weiter ins Gewicht!

Eam woa des extra wuascht: Hot a hoit des Keiwö samt da Kuah gheirat!
Ihm war das völlig gleichgültig: Da hat er eben die Frau mitsamt dem unehelichen Kind geehelicht!

Der komische Huat hot a Krempn wiara Kuahflodn!
Die Krempe dieses seltsamen Hutes gemahnt an einen Kuhfladen!

Hündisches

Männer san foische Hund – de haum in Schwaaf vuan!
Männer sind falsche Hunde – die tragen den Schwanz ja vorne!

I gib dar a Mogntatschkerl, dass d' speibst wiara Gerberhund!
Ich werde dir einen Hieb in die Magengrube versetzen, dass du dich übergibst wie der an Hautabfällen würgende Hund eines Gerbers!

Jetzat muass ar aunzahn wiara Waglhund!
Jetzt muss er sich ins Zeug legen wie ein Zughund!

Hean S', waunn der Lackl vo an Hund wo hiludlt, daunn is des ka Lackerl, sundan a Lockn!
Hören Sie, wenn dieses Ungetüm von Hund uriniert, so verursacht dies kein kleines Pfützchen, sondern eine ausgedehnte Lache!

Waunn Eana Speckdackl no laung so an Spektakl mocht, daunn hängt a boid im Speckkammerl!
Wenn Ihr dicker Dackel weiterhin einen derartigen Lärm veranstaltet, dann wird er bald in der Selchkammer baumeln!

Amoi no kläffn und i hau den spinnertn Spitz oisa ungspitzta in d' Erd!

Noch ein Kläffer und ich schlage diesen verrückten Spitz ohne ihn anzuspitzen in den Boden!

Wöchan Hund leits denn es zum Begräbnis, weus mit de Fiaß goar aso glankln tuats?
Für welchen Hund läutet denn ihr die Beerdigungsglocken, weil ihr mit den Beinen so schlenkert?

Da Vuazimmer-Pinsch hätt mi woin oschassln, owa do hob i eam glei in Herrn zagt!
Der untergeordnete Beamte hat versucht mich abzuweisen, aber ich habe ihm gleich klargemacht, mit wem er es hier zu tun hat!

Der Hundianer wiad in Schwaaf scho eiziagn, waumma eam uandlich eitauchn!
Dieser Hundsgeselle wird seinen Schwanz schon einziehen, wenn wir ihm massiv auf den Pelz rücken!

Der Hund is eigangan wiara behmische Leinwaund bei da Wäsch!
Der Hund ist eingegangen wie böhmisches Leinen beim Waschen!

Waunnst amoi aum Hund kummst, bist schnö amoi untam Hund!
Wenn man einmal in eine missliche Lage gerät, liegt man rasch völlig darnieder!

Der Suarm wohnt in die entrischn Gründ, wo de Hund mit'm Oasch bölln!
Der Hinterwäldler wohnt in einer weit abgelegenen Gegend, wo die Hunde mit dem Hintern bellen!

Scheißt da Hund aufs Feiazeig – jetz brennt da Huat!
Alles egal – jetzt ist Feuer am Dach!

Des krotzt ka Sau – do scheißt da Hund drauf!
Das interessiert doch niemanden – es ist ja völlig gleichgültig!

De schwoazgsöchte Hundshaut legt di, wo's nua geht!
Dieses ausgekochte Schlitzohr haut einen übers Ohr, wann immer es nur geht!

Na woat nua, du hinterfotziges Hundsfott – dia moch i aa no an Hund eine!
Warte nur, du heimtückischer Hundekerl – dir werde ich auch noch eine Gemeinheit antun!

Der schundige Hund is so sierig, der nimmt da no des Weiße vo d' Augn!
Dieser geizige Hund ist dermaßen gierig, der saugt dir noch das letzte Quäntchen Blut aus den Adern!

Der gierige Hund treibt da um a Sechserl a Laus bis zum Koinberg!
Dieser Gierhals würde dir für ein paar Cent seine Großmutter verkaufen!

Du hinterfotzigs Hundsfott, glei ziag i da des Föö iwa d' Uan!
Du abgefeimter Hundekerl, ich werde dir gleich das Fell über die Ohren ziehen!

Na woat, jetzt wirst faschiert, du stingades Hundsfuada!
Na warte: Nun wirst du zu Hackbraten verarbeitet, du übelriechendes Hundefutter!

A so a hundsgemeiner Hundling, des Hundstuttl, des hundsordinäre!
So ein niederträchtiger Hundesohn, diese miese Kanaille, diese ungehobelte!

Zeascht hot ar an Wächter gsetzt und nochhea an Hund owedraht!
Zuerst hat er vor dem Objekt defäkiert und anschließend das Vorhängeschloss gewaltsam entfernt!

DER TIAFE SCHMÄH

Einführung

Steigen beim Wiener Alkoholpegel und/oder Erregung, so wird es schnell *„tiaf"*, also tief. Und das bedeutet in der Regel, dass sich Ausdrucksweise und Angriffsfläche aus jenem Bereich rekrutieren, der direkt unterhalb des Gürtels liegt. Wenn der Betreffende noch dazu aus gewissen vorstädtischen Gegenden außerhalb des Wiener Gürtels stammt, kann man damit rechnen, dass die Tiefe des Schmähs noch bedeutend zunimmt.

Ist man einmal unter der Gürtellinie angelangt, so ist das Gesäß ganz eindeutig der prominenteste Protagonist unzähliger Redensarten. Ein eigenes Kapitel ist hierbei die Abteilung „Produktion von Exhalation und Exkrement" – dieses finden der geneigte Leser und die hoffentlich noch immer nicht völlig abgeneigte Leserin anschließend unter dem Titel *„Der Häusl-Schmäh"*.

Neben dem Gesäß sind aber auch die Genitalien ein willkommener Quell wild sprudelnder Invektive und Herabsetzungen. Hier allerdings, und das zeigen sowohl Quantität als auch Qualität der einschlägigen Ausführungen, müssen die weiblichen Genitalien ungleich öfter als Zielscheibe herhalten als ihr männliches Gegenstück: Gesellschaftliche Machtverhältnisse – auf den Punkt gebracht.

Welch unglaublicher Reichtum an sexuellen Synonymen dem Wiener Becken entsprungen ist, zeigt uns ein Werk des Dichters

Oswald Wiener: *„Beiträge zu einer Ädöologie des Wienerischen"* ist Ende der Sechzigerjahre, passenderweise als Anhang zu einer bibliophilen Ausgabe der *„Josefine Mutzenbacher"*, erschienen. Darin listet der Autor penibel Tausende obszöne Ausdrücke auf, fein säuberlich geordnet in Dutzenden von Rubriken und mit von hohem linguistischem Sachverstand zeugenden etymologischen Erläuterungen versehen.

Die Untereinteilung dieses Kapitels ist jedoch – leicht nachvollziehbar – lediglich nach den jeweils angesprochenen tiefer gelegenen Körperregionen getroffen worden. Die letzte Rubrik hingegen bezieht sich auf die Interaktion der im Vorfeld geschmähten Geschlechtsorgane.

Schmähführung

Anale Grande

Ois wos recht is – owa da Oasch gheat in d' Hosn!
Gut und schön – aber es muss schon alles seine Ordnung haben!

Na jo – immer no besser ois mit'm Oasch ins koide Wossa!
Nun ja – immerhin noch besser, als mit dem ganzen Geschäft baden gehen!

Fia wos soi i ma do in Oasch ofriern – 's is eh fia Oasch und Friedrich!
Wozu soll ich mir hier einen kalten Hintern holen – es ist ohnehin völlig sinnlos!

Do herin is finster wia im Teifl sein Oaschloch!
Hier drinnen ist es wirklich kohlpechrabenschwarz!

Der Negerant is so floch wiara Briafmarkn – dem geht die Haut beim Oasch net zsamm!

Der Habenichts ist dermaßen abgebrannt, dass er nicht einmal ein sehr bescheidenes Auskommen findet!

Diplomat wiad des kana – der foahrt jo an jedn glei mit'm nockatn Oasch ins Gsicht!
Es fehlt ihm ganz entschieden an diplomatischem Geschick – er konfrontiert ja jeden sofort mit der nackten Wahrheit!

Ma kaunn net mit an Oasch auf olle Kirtäg tanzn – sunst reißt da'n auf!
Überall kann man nicht dabei sein – man kann sich ja nicht zerreißen!

A so a Oasch – und trotzdem hot a ka Sitzfleisch!
So ein Arsch – und dennoch kann er nicht ruhig sitzen bleiben!

De blade Blunzn hot a Gsicht wiara nockata Kinderoasch!
Diese dickliche Person hat ein Gesicht wie ein glatter Kinderpopo!

I hob mi so daschrockn, dass mar in Oasch zsammzwickt hot!
Ich bin dermaßen erschrocken, dass es mir den Hintern zusammengezogen hat!

I hob ma eh hoibat in Oasch noch eam ausdraht zweng dera Gschicht – na maanst, i hättat eam darglengt?
Ich bin ihm wegen dieser Angelegenheit ohnedies ständig nachgelaufen, hatte aber nicht die geringste Chance, ihn zu stellen!

Jetzat haaßt's de Zähnd zsammbeißn und in Oasch zsammzwickn!
Nun ist es an der Zeit, die Zähne zusammenzubeißen und sich fest zusammenzureißen!

Grod ums Oaschleckn is sa si net ausgangan – i kunntat mi in Oasch beißn, waunn i nua dran denk!
Nur um Haaresbreite ist die Sache schiefgegangen – allein der Gedanke daran verursacht mir unerträglichen Ärger!

De Rauschkugl muass Pech am Oasch ham – ollaweu bleibt s' beim Wirtn pickn!
Diese trinkfreudige Dame muss Pech am Hintern haben – ständig bleibt sie im Wirtshaus kleben!

Host leicht a Raketn in Oasch, weus d' so schnö dahiifetzt?
Hast du etwa eine Rakete hinten drinstecken, weil du gar so schnell unterwegs bist?

Wos is da Unterschied zwischn an Händy und an Vibrator? – Na, des Händy is fian Oasch!
Welcher Unterschied besteht zwischen einem Mobiltelefon und einem Vibrator? – Nun, das Handy ist für Arsch und Friedrich!

Dass d' di net scheniast, du Oaschgsicht! I an deina Schtö tat mi in Oasch eineschauman!
Genier dich, du Gesäß-Gesicht! Ich an deiner Stelle würde mich ganz entsetzlich schämen!

Bevuas di amoi umdraht host, schliafft da der Orschkräuler scho hint eine!
Ehe man es sich versieht, schlüpft einem dieser Arschkriecher schon von hinten ins Loch!

Waunn i so an Oasch hättat wia dei Gsicht, tat i nua mehr hinterm Schleier scheißn!
Wenn mein Gesäß so aussähe wie dein Gesicht, so würde ich es vorziehen, mein großes Geschäft hinter einem Schleier zu verrichten.

Recht gschiecht eam: Jetz hot si der goscherte Großkotz uandlich in Oasch vabrennt!
Völlig zu Recht hat dieser vorlaute Angeber nun die Rechnung für sein unangebrachtes Verhalten präsentiert bekommen.

Der windige Schleimer is jo da letzte Oaschkräuler vo gaunz Wien!

Dieser unseriöse Schmeichler ist ja der schlimmste Mastdarmakrobat der gesamten Bundeshauptstadt!

Waunn ma der Ungustl no laung am Oasch geht, daunn putz i eam in Oasch aus!
Wenn mir dieser Untam weiterhin auf den Geist geht, dann riskiert er eine massive Zurechtweisung!

Soi i da jetz in Oasch aufreißn – oda soi i da einekräun?
Soll ich dich jetzt zur Schnecke machen – oder mich bei dir Liebkind?

Des dirre Krischpindl hot a Oascherl wiar a Kraumpnspitz!
Diese dürre Zaunlatte hat ein Hinterteil wie eine Spitzhacke!

De Oide hot an Oasch wiara klane Bezirkshauptmannschaft!
Das Gesäß dieser Dame hat von seiner Größe her bereits den Stellenwert einer übergeordneten Verwaltungseinheit.

De gfüde Wuchtl hot an Oasch wiara Wognradl!
Diese beleibte Dame verfügt über ein mächtiges, wiewohl wohlgerundetes Hinterteil!

Der ihr Stockerloasch hot mi voi vom Stockerl ghaut!
Ihr weit vorragendes Gesäß hat mich schwer beeindruckt!

De blade Sau hot an Oasch wiara Postross – grod, dass s' net auf d' Stroßn scheißt!
Dieses dicke Schwein hat ein Hinterteil wie ein Postpferd – aber wenigstens nimmt es davon Abstand, die Straße mit Rossäpfeln zu verunzieren!

Geh bitte, des kann ma si do am Oasch ofingerln, wia die Gschicht ausgeht!
Also wirklich, das lässt sich doch leicht ausrechnen, wie diese Angelegenheit enden wird.

I reiß mar in Oasch auf fia di – und du scheißt dafia auf mi!
Ich tue mein Möglichstes für dich – du aber weißt dies nicht zu würdigen!

Do hot a si jetzat owa uandlich in Oasch eitunkt!
Da hat er sich jetzt aber gründlich ins eigene Fleisch geschnitten!

Mit den Wisch kaunnst da vo miar aus in Oasch auswischn!
Dieses Schriftstück kannst du meinetwegen als Toilettenpapier verwenden!

Juckerte Krätzn soin da am Oasch wochsn – und deine Händ soin z' kurz sei zum Krotzn!
Juckende Furunkel mögen auf deiner Sitzfläche sprießen – und deine Arme sollen zu kurz sein, um dir durch Kratzen Erleichterung zu verschaffen!

Steck dar an Propöller in Oasch und fliag am Mond!
Pflanze dir einen Rotor in den Allerwertesten und fliege damit zum Mond!

Da Blitz soi di beim Scheißn treffn, dass's da des Oaschloch zuaschwaaßt!
Der Blitz möge dich beim Defäkieren treffen, auf dass dein Anus verschweißt werde!

Reiß o, du Oaschwarzn – sunst wisch i di weg mit an ausgfranstn Oaschhadern!
Hebe dich hinweg, lästiger Quäler – ansonsten werde ich dich mit einer fadenscheinigen Stoffwindel hinwegfegen!

Geh ma net am Oasch – sunst gehst auf d' Knia ham!
Geh mir nicht auf die Nerven – sonst musst du den Heimweg auf den Knien antreten!

Geh noch Trippstrü, wo de greanan Oaschlecha wochsn – sunst wochst nimma mea!
Reisen Sie doch nach Trippstrill, wo die grünen After gedeihen – ansonsten kann ich keine Garantie für Ihr weiteres Wohlbefinden übernehmen!

Geh in Oasch und moch die Tia zua – sunst vastopf i da des Schlisslloch!
Verzieh dich ins Gesäß und sperr ab – ansonsten stopf ich dir das Loch zu!

Geh in Oasch und schlog Wurzln – sunst kriagst a Wurzlbehaundlung mit'm Schlogbohra!
Verschwinde im After und schlag dort Wurzeln – ansonsten werden wir eine Wurzelbehandlung mit der Schlagbohrmaschine durchführen müssen!

Rutsch mar in Buggl und brems mit'm Schlecker – weu bei mia bist eh in Oasch daham!
Rutschen Sie mir doch den Buckel hinunter und bremsen Sie gleich mit der Zunge – bei mir können Sie sich ohnedies im Bereich des Afters wie zu Hause fühlen!

Vadunst – sunst moch i da Feia untan Oasch, dass d' obrennst wiara Strohmandl!
Evaporiere – sonst mache ich dir die Hölle heiß, dass du verbrennst wie ein Strohmännchen!

Zupf di, znepfter Zwetschgnkrampus – sunst quetsch i da in Oasch zsamm, dass da de Kern außehupfn!
Verzieh dich, zerzauster Dörrpflaumenteufel – sonst quetsche ich dir den Hintern, dass die Kerne herausspringen!

Steck dar an Finger in Oasch und woat auf a Erdbebn!
Stecke dir einen Finger in den After und erhoffe ein Erdbeben!

I druck dar a Vakehrte aufs Aug, dass da de Scheaglprothesn in Oasch rutscht!
Ich werde dir eine Maulschelle verabreichen, dass dir die Brille in die Gesäßspalte gleitet!

I druck da des Wiagl o, dass d' mit'm Oasch noch Luft schnoppst!
Ich werde dich dermaßen am Halse würgen, dass du mit dem Gesäß nach Atem ringst!

I schnoiz dar ane mit'm Fliagnpracker, dass d' mit'm Oasch Fliagn faungst!
Ich werde dir mit der Fliegenklatsche einen Schlag versetzen, sodass du mit dem Gesäß nach Fliegen schnappst!

I foa da mit'm Finger in Oasch und stich di ins Heaz!
Ich werde dir den Finger so tief in den After einführen, dass ich dein Herz durchsteche!

I puder di mit ana rostign Brunnrean, dass da dar Oasch auf Grundeis geht!
Ich werde mit einer rostigen Brunnenröhre in dich eindringen, auf dass eisige Kälte dein Hinterteil umwehe!

I steig dar auf d' Koppn, dass dar in Schädl beim Oasch außedruckt!
Ich werde dir auf die Kappe treten, dass es dir den Kopf beim Hintern herausdrückt!

I druck dar ane, dass d' mit'm Oasch auf d' Uhr schaust!
Ich werde dir eine verpassen, dass du mit dem Gesäß dein Chronometer konsultierst!

I beiß dar a Gwind in Oasch, dass d' Schraufn scheißt!
Ich werde dir ein Gewinde in den After nagen, sodass du Schrauben kackst!

I hau dar a Wendltreppn in Oasch, dass si de Schas darstessn!
Ich werde dir eine Wendeltreppe in den Hintern schlagen, sodass
deine Fürze zu Fall kommen!

I gib dar an Schuss, dass d' aufgehst wiara Pfingstrosn!
Ich werde dir einen scharfen Tritt in den Anus versetzen, auf dass
du dich entblätterst wie der sich weit öffnende Blütenkelch einer
verblühenden Pfingstrose!

I tritt di in Oasch, dass d' di auscheißt bis iwas Kreiz!
Ich werde dir in den Hintern treten, dass du dich bis in ungeahnte
Höhen bekleckerst!

I reiß dar in Oasch auf bis zum Stehkrogn!
Ich werde dir ruckartig den After öffnen, dass er dir bis zum Kragen klafft!

**I reiß da de Haxn aus, dass d' mit'm Oasch an Tschatschatscha
taunzt!**
Ich werde dir die Beine ausreißen, dass du mit dem Gesäß einen
Cha-Cha-Cha tanzt!

I ram dar in Oasch aus, dass da de Schas ban Mäu außepfeifn!
Ich werde dir den Hintern so gründlich ausräumen, dass deine
Winde den Weg durch deine Mundöffnung nehmen werden!

**I schwaaß da des Oaschloch zua – daunn kaunnst mit dein
Oaschgsicht scheißn geh!**
Ich werde dir den Anus zuschweißen – dann kann sich dein Arsch-
gesicht seiner wahren Bestimmung widmen!

Bebende Brüste

In meine Augn san des kane Duttln, sundan bessare Gösndippln!
Meiner Ansicht nach handelt es sich hierbei nicht um Brüste, sondern um Gelsenstiche!

Des Madl is floch wiara Bredl – grod no zwa Reißnagerln san zum Segn!
Das Mädel ist ja flach wie ein Brett – gerade noch zwei Reißzwecken sind darauf auszumachen!

Na, de hot vielleicht Hoiz vua da Hittn – do lahnst di jo eine wiar in an Uanfotö und host as in gaunzn Winta woarm!
Also, das ist einmal eine imposante Büste – da kann man sich ja hineinlehnen wie in einen Ohrenlehnstuhl und überwintern!

De siaße Klane hot da zwa zoate Butterkrapferln – de zagengan da richtich auf da Zungan!
Die süße Kleine hat zwei zarte Butterkrapfen – die zergehen einem ja förmlich auf der Zunge!

Booh – der Duttlbär hot Duttlzipf wia Stochln: De darsticht di wia nix!
Oho – diese vollbusige Dame hat Brustwarzen wie Stacheln: Da bist du mir nichts, dir nichts erdolcht!

Der ihre Eierspeisduttln darhoit jo ka Duttlgschirr – de brauchat jo zwa Reindln zan Umhenkn!
Für die weichen Flachbrüste dieser Dame ist ein Büstenhalter ungeeignet – sie würde schon eher zwei Pfannen zum Umhängen benötigen!

Die is aa gstroft mit ihre Kniaschussduttln: Waunn de ins Rennan kummt, darschlogt sa si söwa!
Der armen Frau hängen die Brüste ja bis zu den Knien hinab: Wenn die zu laufen beginnt, erschlägt sie sich damit ja selber!

Mit soichane Gaaßduttln host wenigstns ollarweu a kuahwoame Gaaßmülli parat!
Mit einem derartigen Ziegeneuter kann man zumindest immer über frisch gemolkene Ziegenmilch verfügen!

Bitte gib da der ihr Meiarei: Do kriagst jo glei an Gusto auf an Müllirahmstrudl!
Bitte schau dir diese Milchwirtschaft an: Da bekommt man ja gleich richtig Appetit auf Milchrahmstrudel!

Ah, schau da aun de Schmähduttln: a Semperit-Lollo mit Latexpudding-Busn!
Ja, sieh sich mal einer diese künstlichen Brüste an: eine Gummi-Lollobrigida mit Latex-Wackelbüste!

Scheidenkrampf

Bei de Madln muass ma net blosn wia bei de Kotzn und de Hosn!
Bei den Mädchen ist es nicht notwendig, zur Bestimmung ihres Geschlechtes das Fell beiseitezublasen wie bei Katzen und Hasen!

Steig ma owe, sunst bist erniedrigt, du Futweh!
Lass mich in Frieden, sonst setzt es was, du Schürzenjäger!

Der Querpudara mocht si scho in gaunzn Obnd bei dera Tussi futmäßig wichtig!
Dieser Quertreiber versucht nun schon den ganzen Abend bei diesem Gänschen in Sachen Beischlaf zu punkten!

Dem verstoßanen Mäntsch hängan jo de ausgleiertn Futlapperln scho owe bis auf d' Knia!
Diesem sexuell sehr erfahrenen Mädchen baumeln die von Materialermüdung gezeichneten Schamlippen schon bis zu den Knien hinab!

Heast, gib's auf: Dera Luxusfut kaunnst sowieso nix recht mochn!
Lass es bleiben: Diese Edelhure wirst du ohnedies niemals zufriedenstellen können!

Schau, dass d' de Schwanzklemman außehaust, bevua s' da wos ozwickt!

Sieh zu, dass du diese höchst anhängliche Koitus-Partnerin loswirst, ehe sie dir noch bleibenden Schaden zufügt!

Des Flitscherl is scho so aunlassig, dass s' mit de Futlapperln in Flohwoizer poscht!
Dieses Flittchen ist schon dermaßen auf Touren, dass es mit den Schamlippen im Dreivierteltakt schnalzt!

Bei dem ognudltn Nudlfriedhof brauchst kan Aunwurf mochn – do vabrennst da nua de Rehrn!
Von einem Annäherungsversuch bei dieser abgegriffenen Nymphomanin ist dringend abzuraten – dort holst du dir höchstens eine Geschlechtskrankheit!

Bei dera ausgrunnanen Fut brauchst net de Sauglockn leitn lossn – de kaunn da Gschichtn darzöhn, dass d' no söwa an rodn Schädl kriagst auf deine oidn Tog!
Es empfiehlt sich keineswegs, diese verbrauchte Dame mit schweinischen Witzen zu behelligen, da ihre Erzählungen durchaus imstande wären, sogar einem abgebrühten Menschen wie dir die Schamröte ins Gesicht zu treiben!

De ausgschwappte Bixn schaut aus wiara Lavua nochm Fiaßbodn!
Diese ausgeschwemmte Vulva bietet einen Anblick wie eine Waschschüssel nach dem Fußbad!

Mit dera Schnoblfut kaunnst jo Erbsn auslesn!
Mit diesen ausgeprägten Schamlippen könntest du ja Erbsen entschoten!

De schlitzige Schlatzfut trenzt jo wiara luckata Kiwö!
Diese glitschige Schleimspalte tropft ja wie ein löchriger Eimer!

Der ihr Fut woa so groß – des woa, wia waunnst a Knackwuascht duach d' Haustia eineschmeißt!
Die Dame verfügte über ein Organ von solch ausgeprägter Größe,

dass sich der Verkehr mit ihr so gestaltete, als würde man eine Knackwurst durch die weit geöffnete Haustüre werfen!

Der Bixnspanner siecht jedn Tog sovü Futna, dass eam scho graust davua!
Der für die Untersuchung von Prostituierten zuständige polizeiliche Amtsarzt muss tagtäglich so viele Vulven begutachten, dass ihm dieser Anblick schon zutiefst zuwider ist!

De auszahde Feign wü si no ollarweu fia frisch vakaufn!
Sie versucht immer noch, ihre überdehnte Feige als Frischobst an den Mann zu bringen!

De buamanarrische Brummfut buart umadum wiara damische Humml!
Diese mannstolle Erotomanin schwirrt umher wie eine närrische Hummel!

Der ewich geile Futlapperl-Desperado pudert jo ois, wos a Loch in da Mittn hot!
Dieser unentwegt erregte Weiberheld verkehrt ja mit allem, das in der Mitte ein Loch hat!

De anlassige Flugfut fliagt auf ollas, was vo da Weitn nua iagandwie wiara Schwanz ausschaut!
Diese aufdringliche Nymphomanin fährt auf alles ab, was von Weitem betrachtet auch nur entfernt einem Gemächt ähnelt!

A so a Britschigunkerl woitat i scho ollerweu britschigogerln!
Eine derartige Möse wollte ich schon immer einmal bedienen!

De Oide hot a Klitoris ghobt wiara Schiedsrichterpfeiferl! – Wos, so groß? – Na, so zarbissn!
Die Dame hatte eine Klitoris wie die Trillerpfeife eines Fußballschiedsrichters! – Wie denn, von solch beeindruckender Größe? – Nein, sie war lediglich so zerbissen!

Schenier di, du ausgschamte Futwarzn!
Schäm dich, du schamlose Klitoris!

Brauchst leicht an Stoppl fia dei Lustlechal?
Suchst du möglicherweise einen Pfropfen für dein Lustloch?

Na geh, mechst leicht dein Burli in mein Kindagoatn steckn?
Ach nein, willst du etwa deinen Kleinen in meinem Kindergarten
unterbringen?

**I nah da die Fut zua, du Hur, daunn kaunnst mit'm Oasch weida-
pudern!**
Ich nähe dir die Möse zu, du Dirne – da kannst du dann dein Geschäft mit der hinteren Öffnung weiter betreiben!

**Der futgeile Balalaikazupfer fingerlt de Oide seit ana hoibn
Stund untan Tisch, dass de Glasln hupfn wia bei an mittlern Erdbebn!**
Dieser einschlägig fixierte Vaginabefingerer bedient diese Dame seit
einer halben Stunde unter dem Tisch, dass die Gläser klirren, als
wäre ein erhebliches Erdbeben im Gange!

**Jo, jo – do traust di jetzat groß heaziagn iwa dei Oide! Owa da-
ham bist daunn happy, waunns d' ia de Schissl ausschleckn deafst!**
Ja, ja – hier wagst du es nun, große Töne zu spucken, was deine Frau
anbelangt! Aber zu Hause bist du dann heilfroh, wenn du ihr das
Schüsselchen auslecken darfst!

Aus einem doch recht unzweideutigen Harfenistenlied:
**De Kathl aus Meidling
hot a Feign wiara Weidling.
Hoit s' d' hoibate zua,
brunzt s' no wiara Kuah!**
Katharina aus Meidling hat ein Organ von der Größe einer Schüssel.
Selbst wenn sie es zur Hälfte zuhält, uriniert sie dennoch wie eine
Kuh!

Gliederliches

Heast – bei dia hot de Fleischbaunk offn!
Obacht – dein Hosenschlitz ist offen!

I hob eam jo nua gfrogt, ob ar in Fotzhobl wetzn kaunn – do hot a glaubt, i maan wos aundast!
Ich habe ihn ja nur gefragt, ob er Mundharmonika spielen kann – das muss er falsch verstanden haben!

Der windige Beidl beidlt si afoch o und beulisiert!
Dieser Windhund schüttelt sich einfach ab und verschwindet!

Da hot a ma wieda uandlich wos zuwebeidlt, der hiniche Beidl, der!
Da hat er mir wieder eine lästige Arbeit zugeschanzt, dieser niederträchtige Schwanz!

Waunn mei Tant an Beidl hätt, daunn warat s' mei Onkl.
Wenn das Wörtchen „wenn" nicht wär, dann wär mein Vater Millionär!

Der notgeile Beidlhutscher glaubt, olle Futna ham an Stand auf eam!
Dieser an Triebstau laborierende Möchtegern-Kopulierer meint, sämtliche Damen wären von ihm äußerst angetan!

Biag o, du Beidlviech – sunst beidl i dar in Feitl eine!
Verschwinde ums Eck, du niederträchtiger Kerl – sonst stoße ich dir das Messer in den Leib!

I klesch dar ane, dass d' nimma waaßt, wia dei Beidl haaßt!
Ich werde dir eine Maulschelle verabreichen, dass dir der Name deines Gemächtes entfällt!

I massier da de Eier, dass dar da Beidl ins Hirn wochst!
Ich werde dir die Hoden massieren, dass dir das Gemächt zu Kopf steigt!

Geh ma net auf d' Eier mit dein Gejeier, sunst hau i di in d' Pfann und moch Spiagleier!

Geh mir nicht auf die Nerven mit deinem Geseire, sonst schlage ich mir deine Eierchen in die Bratpfanne!

I schupf dar in Beidl, dass d' nimma waaßt, obs d' a Mandl oder a Weiberl bist!

Ich werde mit deinen Genitalien Ball spielen, bis du nicht mehr weißt, ob du ein Männchen oder ein Weibchen bist!

De Kaserer, de woaman Scheißkübeln, hamma droht, dass mar in Beidl bei de Knia oschneidn!

Die Gefängnisaufseher, diese homosexuell veranlagten tragbaren Zellentoiletten, haben angedroht, mir mein gewaltiges, tief herabhängendes Glied auf Kniehöhe zurechtzustutzen!

Mit so an nodichn Brunzwimmerl kaunnst hechstns a Micky Maus pudern!

Mit einem derart armseligen Stummelschwänzchen kannst du bestenfalls einer Witzfigur beiwohnen!

Waunn da mei Zumpferl net reicht, daunn kauf da hoit an Futschlecker!

Wenn dir bei mir keine genitale Befriedigung zuteil wird, solltest du vielleicht ein zungenfertiges Schoßhündchen erwerben!

Der Untaam steht aa nua unnedich in da Gegnd umanaund wiara Pfoffnnudl!

Diese Unperson steht auch nur unnötig im Weg – so wie der Penis eines Klerikers!

Der Typ is zu nix guat ois wia zum Gödowerama – mit ana waachn Nudl zum Zähndputzn!

Dieser Kerl ist ja zu nichts anderem zu gebrauchen, als um ihn um sein Geld zu bringen – sein weicher Schwanz ist ja bestenfalls zum Zähneputzen geeignet!

Der Wossamocha bringt do hechstns an Wossasteifn zsamm!
Dieser Wichtigtuer bringt doch bestenfalls mittels Harndrang eine Erektion zustande!

Bitte, gib da de Guarkn – i maan, de dablos i net!
Also bitte, schau dir diese Riesengurke an – ich fürchte, die werde ich nicht zur Gänze lutschen können!

Eh kloa, dass a so a Funknschuasta an Kuarzn hot!
Das versteht sich ja von selbst, dass so ein Elektriker einen Kurzen hat!

Der Fließband-Casanova muass sei Fruchtwurzn aa in a jeds Locherl einesteckn!
Dieser Schürzenjäger fühlt sich bemüßigt, sein Glied in jedes verfügbare Loch einzuführen!

Fia mi is des schenste Theater, waunn i meina Oidn in Kaschperl einehäng!
Den höchsten Theatergenuss empfinde ich dann, wenn mein kleiner Protagonist seinen Auftritt im Unterleib meiner Liebsten absolviert!

Der Pfostn hot si 's Pfeiferl vabrennt, wiara mit dera gfäudn Pfludarn pfiffn hot!
Dieser Einfaltspinsel hat sich seinen Pinsel versengt, als er ihn bei dieser unguten Dame eintauchte!

Wos, an Tschick wüst ham vo mia, Blosbua? Heast, bei mia kaunnst a Bärtige rauchn!
Wie bitte, eine Kippe willst du von mir haben, Lutsch-Lümmel? Hör mal, bei mir kannst du an einer bärtigen Zigarre nuckeln!

Reiß o mit deine grindichn Wixgriffln, du iwawutzlta Futgrobler, sunst spül i Eiapeckn mit deine schrumplertn Schrumpfgogerln!
Nimm sofort deine schmierigen Finger da weg, du ältlicher Vulva-

Betaster, sonst werde ich mit deinen faltigen Schrumpfhoden das österliche Spiel des „Eierpeckens" veranstalten!

Des hot eam uandlich gschwaunzt, dass si bei dera Schwaunzparadn ka Schwaunz um eam gscheat hot!
Es hat ihn ziemlich geärgert, dass sich bei der Musterung kein Mensch um ihn gekümmert hat!

Deine waachn Saffalade-Schmäh kaunnst da unta de Vuahaut massiern!
Ihre schlaffen Schmalspurwitzchen können Sie sich an Ihr Schwanzhütchen stecken!

Ziag in Schwaunz ei, owa schnö – sunst ziag i da de Vuahaut iwan Schädl!
Zieh schleunigst den Schwanz ein – sonst werde ich dir eine neue Kopfhaut verpassen!

Des is scho nimma zan Auswochsn – des is jo scho zan Schwaunzausreißn!
Das ist nicht mehr nur höchst ärgerlich – das ist schon absolut zum Verzweifeln!

Du aufblosene rosa Latexgurkn: I beiß da a Perforierung, dass d' oreißt wiara Darmsaitn!
Du aufgeblasene rosa Gummigurke: Ich werde dir eine Perforierung beißen, dass du abreißt wie eine Darmsaite!

I zupf da dei Zumpferl und spü mit deine Gogerln fitschigogerln!
Ich werde dir das Schwänzchen abzwicken und mit den Bällchen Karambol spielen!

Ziag ei in Pissoirwuarm – sunst wuzzl i eam aus auf a Suppnnudl!
Zieh deine Urinröhre ein – sonst rolle ich sie zu einer Suppennudel aus!

Gebrauchsanweisung:
Mit da Haund tuat man eine,
mit'm Oasch druckt ma aun,
daunn losst ma'n drin waakn,
dass ar ausbliatn kaunn!
Mit der Hand führt man ihn ein,
mit dem Hintern drückt man an,
dann lässt man ihn drinnen weichen,
damit er ausbluten kann!

Geschlechterkrampf

Triffst a Hascherl, happ ihr's Tascherl – findst a Tschapperl,
mochst a Happerl!
Triffst du auf ein wehrloses Geschöpf, so entwende ihr das Täsch-
chen – stößt du hingegen auf ein naives Dummchen, dann besprin-
ge es sogleich!

Wichsn und schuastan – des san zwa vaschiedene Poa Schuach!
Masturbieren und kopulieren – das kann man gar nicht miteinander vergleichen!

Heit gehr i s' schuastan – aa waunn's Schuastabuam regnan
tuat!
Heute werde ich sie zum Zwecke des Verkehrs heimsuchen – selbst
wenn ein kolossaler Wolkenbruch niedergehen sollte!

Der ewich geile Puderant is aa oiweu auf da Pirsch: Der denkt an
nix aunders ois ans Brunzzeigl zsammsteckn!
Dieser immer brunftige Verkehrsspezialist ist ja ständig auf Aufriss:
Der hat nur mehr das eine im Sinn!

Zeascht hot as anbrotn – und jetzt hot s' an Brotn in da Rean!
Zuerst hat er ihr den Hof gemacht – und jetzt ist sie guter Hoffnung!

Eh ka Wunder, dass a Germwampn kriagt: De zwa san jo ollarweu zsammgsteckt!
Was Wunder, dass sie guter Hoffnung ist: Die beiden sind ja immer zusammengesteckt!

Da Herr Gebärvota mechat bei da Frau Gebärmuatta nuar amoi kurz eineschaun!
Der Gebärvater möchte der Gebärmutter nur einen kurzen Besuch abstatten!

Der Scheißkerl gheat jo zruckpudert in Mutterleib – und dann otriebn!
Dieser Mistkerl sollte zurück in die Gebärmutter gestoßen werden – und sodann abgetrieben!

De zwidere Zuschl is do zsammtetscht und vasifft wiara Puffmatrotzn!
Diese unsympathische Hübschlerin ist doch ramponiert und verunreinigt wie eine Bordellmatratze!

Na, waunnst di nua net iwanimmst mit den iwatroganan Mäntsch!
Also, hoffentlich bürdest du dir mit diesem abgegriffenen Mädel nicht zu viel auf!

De Zwuschn hot si duach's Zrucklegn a gaunz a schens Göd zrucklegn kennan!
Diese Dirne hat sich im Liegen eine ganz schöne Summe Geldes zusammengespart!

De Stanglputzerin hot si steßn lossn, bis sa si gsundgsteßn hot!
Diese Prostituierte hat es sich so lange besorgen lassen, bis sie finanziell ausgesorgt hatte!

De ogschpüde Zupfgeign hot eam stott'm Beidl des Bersl zupft!
Diese verbrauchte Schlampe hat ihm keinen gewichst, sondern nur die Geldbörse stibitzt!

Sie hot eam eh aus da Haund gfressn – owa er is unta da Hand fremdgangan!
Sie war ihm ohnehin völlig zugetan – er aber hat sie hinterrücks betrogen!

Is scho recht: Hau di hoit mit den Ghaaztn in d' Hapfn, do spoast da de Haazdeckn!
Schon gut: Dann geh eben mit diesem Warmen ins Bett, dann brauchst du keine Heizdecke!

Waunnst ma kan blost, daunn weari da wos blosn!
Wenn du es ablehnst, mich oral zu befriedigen, dann brauchst du nicht mehr weiter auf mich zu zählen!

Foahr in d' Hüsn und hutsch di, du hatschates Huanviech – sunst hutsch i dar in Beidl!
Fahr ins Gewand und vertschüsse dich, du hinkender Hurenbock – sonst werde ich dein Geschlecht in wilde Schwingungen versetzen!

Sie hot eam ois Megliche gnennt – owa er hot ollarweu nua gmödt: „Owa Schatzi, so kenn i di jo goa net!"
Sie hat ihm alle möglichen Schimpfnamen an den Kopf geworfen – er aber hat immer nur gestammelt: „Aber Liebling, so kenne ich dich ja überhaupt nicht!"

Na woat, glei moch i da's russisch und hau di iwan Diwan!
Warte nur, gleich besorge ich es dir auf Russisch und werfe dich auf die Couch!

Wia kumm i dazua, dass i nia dazuakumm, dass i kumm, weust du ollarweu z' fruah kummst?
Wie komme denn ich dazu, dass ich nie dazukomme zu kommen, weil du immer zu früh kommst?

Na, muasst hoit dazuaschaun, dass d' bei da Zeit dazuakummst, sunst host hoit des Dazuaschaun!

Nun, du musst dich eben bemühen, rechtzeitig dazuzukommen, sonst hast du eben das Nachsehen!

Sie hot bei eam nia wos gschpiat – und des hot s' eam gschpian lossn!
Sie hat bei ihm nie etwas empfunden – und damit hat sie ihn empfindlich getroffen!

Wos, in Oasch wüst mi pudan? Heast, daunn loss i an Schas, dass's da de Eia ausblost!
Wie, Sie wünschen mit mir anal zu verkehren? In diesem Falle werde ich einen Darmwind produzieren, der Ihre Eierchen ausblasen wird!

DER HÄUSL-SCHMÄH

Einführung

Das Klosett, wienerisch „*Häusl*" genannt, ist nicht nur unverzichtbarer Ort der Befriedigung menschlicher Absonderungsbedürfnisse, sondern auch ein unerschöpflicher (wohl, weil gut gedüngter) Quell ausscheidungsspezifischer Ausdrücke und Redensarten. Schon der Begriff selbst dient in der abwertenden Anrede „*Du Häusl!*" als beliebte Beschimpfung, während vor allem von Gefängnisinsassen gerne auch die Sparvariante „*Du Scheißkübel!*" gebraucht wird.

Der in Zeiten des Gangklosetts sehr beliebte Nachttopf oder vornehm „*Potschamper*" (von französisch „*pot de chambre*") hat sich auch heute noch zumindest im Sprachgebrauch mit der Pars-pro-toto-Bezeichnung „*Scherbn*" erhalten. Scherben mögen vielleicht Glück bringen – wer jedoch „*den Scherbn auf*" hat, befindet sich unzweifelhaft in einer höchst misslichen Lage.

Die Exkremente selbst sind in Wien (natürlich nur verbal) in aller Munde. Will man einem unerwünschten Zeitgenossen unmissverständlich nahe legen, sich schleunigst zu entfernen, so tut man dies mit den knappen Worten „*Geh scheißen!*" oder – wenn man eher zur kleinen Seite neigt – mit der Aufforderung „*Vabrunz di!*"

In der Hitparade der meistverwendeten Schmähworte dürfte jedoch das Gesäß unangefochten an der Spitze liegen – oder besser gesagt: sitzen. Dessen Vulgärvariante „*Oasch*" wird nicht nur in seiner nackten Grundform mit unschöner Regelmäßigkeit ins Wortgefecht geworfen, sondern findet auch in unzähligen Kombinationen mit allen möglichen und unmöglichen Beiwörtern verwerfliche Verwendung. Aber es liegt wohl in der Natur der Sache, dass sich das Gesäß auch im Sprachgebrauch besonders gut für Zusammen-Setzungen eignet. Mehr davon finden Sie aus Gründen der internen Systematik in dem auf allertiefstem Niveau gelegenen Kapitel „*Der tiafe Schmäh*".

Sehr genau, ja fast liebevoll bezeichnet die analfreundliche Wiener Wortschöpfung die gasförmigen Ausscheidungen des meisterwähnten Loches der Anatomie: Für jede nur erdenkliche Unterform und Abart des Darmwindes existieren ingeniöse Spezialausdrücke, welche in vielen Fällen ihre lautmalerische Herkunft nur schwer verleugnen können.

Aber überzeugen Sie sich doch selbst vom üppigen Reichtum an abartigen Abortworten und ordinären Obszönitäten, die dieser stimmigen Örtlichkeit entstammen und in der Folge wienweit Verbreitung gefunden haben: Öffnen Sie die Türe, halten Sie sich die Nase zu und dann nichts wie hinein ins volle Menschenleben – hereinspaziert, meine Damen und Herren, nur hereinspaziert!

Schmähführung

Häusliches

Er hot so not aufs Häusl miassn, dass a gaunz aus'm Häusl woa!
Er musste so dringend auf die Toilette, dass er ganz aus dem Häuschen war!

Bist du gelähmt: In dem Brunzodrom fäuts jo wiar in ana Senkgruabn!
Es ist wirklich kaum zu glauben: In diesem Pissoir stinkt es ja wie in einer Jauchegrube!

Na seavas, do hot's a Griachal – i maan, do is wo a Häuslrotz darfäut!
Also bitte, hier riecht es ja höchst eigenartig – mir scheint, da verwest irgendwo eine Klosettratte!

Der obrochane Abuatbemstl pudlt si auf wiara angackta Kakadu!
Dieser kleine Dreckskerl plustert sich auf wie ein bekackter Kakadu!

Der ausranschierte Häuslbesn hoit si fia de Gräfin Kolowrat!
Diese verlebte Dame bildet sich ein, sie wäre von höherem Adel!

A Wauhnsinn: Duatn kriagst an Breslfetzn, so groß wiara Abuatdeckl!
Sensationell: Dort erhältst du ein Schnitzel von der Größe eines Klosettdeckels!

Buar o, du unnedichs Abuatdeckloanament – sunst gibt's ane am Deckl!
Verdufte, du überflüssige Klosettdeckelverzierung – sonst bekommst du eine drauf!

Hupf in d' Muschl – weu a Kilo Uarwaschln is schnö brockt!
Spring in die Klomuschel – denn ein Kilo Ohrmuscheln ist schnell einmal abgepflückt!

Raaz mi net, du Häuslrotz – sunst reast glei Rotz und Wossa!
Provoziere mich nicht, du Klosettratte – ansonsten wirst du gleich dermaßen heulen, dass sich Nasenschleim und Tränenflüssigkeit miteinander vermengen!

Tua mi do net papierln und roin, du Häusl – sunst wuzzl i di zsamm auf a Roin Häuslpapier!
Zieh mich ja nicht durch den Kakao – sonst verarbeite ich dich zu einer Rolle Klosettpapier!

Seitenwinde

Hot's dunnert – oda host an Schas lossn?
Hat es gedonnert – oder hast du einen fahren gelassen?

De neiche Tramway heast fost net – de schleicht si aun wiara Schas!
Die neuen Tramway-Garnituren verkehren fast lautlos – die pirschen sich an wie ein Darmwind!

Is scho recht – darzö ma den Schas unta Wossa!
Ist schon gut: Am besten berichten Sie mir von dieser leidigen Angelegenheit im untergetauchten Zustand!

Den Schas kaunnst dar in Oasch steckn!
Diesen Dreck kannst du dir gerne behalten!

Loss an Schas und grob eam ei – sunst frisst di da Schaszuzler!
Lass einen fahren und grab ihn dann ein – sonst verzehrt dich der Ventilator!

Ban Jazz is ar a Jass – do vo da Klassik waaß ar an Schas!
Im Jazz ist er ein Ass – doch von der klassischen Musik hat er keine Ahnung!

Foahr o mit dera Bauchwehmusi – sunst spül i da wos auf da Bauchuargl vua!
Verschon mich mit dieser Katzenmusik – sonst werde ich für dich eine unvergessliche Weise auf der Bauchorgel intonieren!

Wer hot denn do a Blumanstöckl umgschmissn?
Wer hat denn da jetzt einen bösen Buh gemacht?

De oide Schastromml hot an zarbreslt, dass de Fenstascheibn gwoglt haum!
Die alte Furzerin hat einen von sich gegeben, dass die Fensterscheiben geklirrt haben!

Der Schasreiter hot an Gastrüller außelossn, dass ma de Uan vaschlogn hot!
Dieser Dauerfurzer hat einen derart explosiven Darmwind abgelassen, dass es mir die Ohren verschlagen hat!

Den Schlumpoasch is a Schleicher auskumman, der hot voi gstunkn ois wiara Salmjakgeist!
Diesem schlampigen Kerl ist ein lautloser Furz entwischt, der penetrant nach Salmiak gestunken hat!

Des Kotringerl hot an Koffer ogstöt – und i Voikoffer riach aa no eine!
Dieses Analloch hat eine kompakte Packung in den Raum gestellt – und ich Vollidiot schnuppere auch noch hinein!

Der unnediche Gschaftlhuaba schiaßt dauand umananda wia da Schas in da Hosn!
Der überflüssige Wichtigtuer wetzt ständig umher wie der Wind im Beinkleid!

Waunnst dem Daumpfplaudara ban Redn zuaheast, wean da jo de Schas roglert!
Wenn man diesem Großmaul so beim Schwätzen zuhört, beginnen einem ja die Winde im Gedärm zu rumoren!

Der Dillo is sowos vo eigfoan mit dera Oidn – do hot a si uandlich an Schas eitretn!
Der Schwachkopf hat mit dieser Frau ganz enormes Pech gehabt – da hat er sich wirklich etwas angetan!

Do kummt no leichter an Totn a Schas aus ois wia den Totschlachtign a Locher!
Da entwischt ja noch eher einem Verstorbenen ein Darmlüftchen, als dass diesem trübsinnigen Miesepeter ein Lachen entschlüpft!

Wiast segn, der Grufthansl darfaungt si nimma – drauf kaunnst an Schas lossn!
Du wirst schon sehen: Dieser Todgeweihte kommt nicht mehr auf die Beine – darauf kannst du dich verlassen!

Na bitte, des is ma jetz owa nimma wuascht: Den sei Butterschas vastinkt jo de gaunze Bude!
Also, das lässt mich jetzt aber nicht mehr kalt: Dieser penetrant riechende Darmwind verpestet ja das gesamte Lokal!

A Schas is's scho – owa oiweu no bessa ois wiar in d' Hosn gschissn!
Das ist zwar schon recht ärgerlich – das Malheur hätte aber auch noch weitaus größer ausfallen können!

Fia so an massivn Matarialschas brauchst jo scho a Transpuatlizenz!
Für einen dermaßen gehaltvollen Förder-Furz benötigen Sie ja bereits eine Beförderungsgenehmigung!

Letztns hob i an so an Mords-Dritschler foahn lossn, dass's ma de braune Soß duach d' Hosn passiert hot!
Neulich habe ich einen derart gewaltigen feuchten Furz von mir gegeben, dass der braune Saft durch den Hosenstoff gedrückt wurde!

Waunn der Eierschaukler an Eierschas losst, des darblost nimma – do brauchst a Sauerstoffgerät!
Wenn dieser Müßiggänger einen extrem stinkenden Wind wehen lässt, ist das nicht mehr auszuhalten – da benötigt man schon schweren Atemschutz!

Waunn der Luftgsöchte an außedruckt, daunn waht glei a aundas Lüfterl!
Wenn dieser magere Kerl einen Wind lässt, dann weht gleich ein anderer Wind!

Host leicht a Furzwurzn ghabert, weus d' dauand an foahn losst?
Hast du vielleicht Rettich gegessen, weil du fortwährend pupsen musst?

Wen i am Schasfaunger mitnimm, des geht di woi an Schas an!
Wen ich am Soziussitz mitfahren lasse, geht dich aber wohl nicht das Geringste an!

Du bist nix ois wiara Schas im Woid – owa a gaunz a leisa!
Du bist nichts weiter als ein feuchter Furz auf weiter Flur – aber nur ein ganz flacher!

Wiari den Schas grochn hob, bin i glei ausbuart beim Loch!
Als ich den üblen Geruch wahrnahm, stürzte ich sofort bei der Tür hinaus!

Auskumman is gschwind ana – owa wieda eigfangt is a net so leicht!
Ein Wind ist schnell einmal entwichen, kann aber schwerlich wieder dingfest gemacht werden!

Kleine Seite

Schiffn ohne Schas lossn is wiara Hochzeit ohne Musi!
Wasser lassen ohne zu furzen gleicht einer Hochzeit ohne Musik!

Herr Wirt: Des Wischerlwossa kennan S' söwa saufn!
Sehr geehrter Gastgeber: Diese nach Urin schmeckende Flüssigkeit ist zur öffentlichen Ausschank völlig ungeeignet!

Heit wiad's no schiffn – des gschpiar i im Urin!
Heute wird es noch regnen – ich fühle es tief in mir drinnen!

Wääääh! Des Offnbrunzlert raamt da jo de Darm aus!
Igitt! Diese Affenpisse beschleunigt den Stuhlgang ja ungemein!

Auf de Gossn brunzn – na, es sads ma feine Prinzn!
Auf der Straße die Notdurft verrichten – wahrlich ein hochfeines Benehmen!

Ban Ludln nua net hudln – sunst brunzt di aun!
Beim Pieseln niemals wieseln – sonst wirst du dich berieseln!

Loss mi aunglahnt, du Kanäule, sunst lahn i di ins Brunzwinkerl und pisch di owe in Kanäu!
Lass mich in Frieden, du Kanaille, sonst landest du in der Pissoir-Muschel und wirst von mir mit starkem Strahl in die Kanalisation gespült!

Vabrunz di, aunbrunzter Brunzbuschn – sunst brunz i di wega wiar an Maikäfa!
Verpiss dich, du angepisste Pissnelke – sonst wirst du verschifft wie ein Maikäfer!

Hau di in Rettich, eitriger Brunzschädl, oda i druck di aus wiara Eiterwimmerl!
Wirf dich ins Klosett, eiterhältiges Harnhaupt, oder ich werde dich ausquetschen wie einen Eiterpickel!

Aungfangt hot ar oisa Bettbrunzer – owa daunn is ar a Hosnscheißer wuan!
Begonnen hat er als Bettnässer – aber später ist dann ein Angstscheißer aus ihm geworden!

Heast, drah di wega do, du heimatloser Ecknbrunzer, du mochst ma jo ois voi do!
Hören Sie, drehen Sie sich doch weg, sie unterstandsloser Winkelurinator, sie verunreinigen ja sonst das gesamte Areal!

Geh, brunz net gengan Wind, du hatscherter Hecknbrunzer – sunst schiffst di aun!
Uriniere nicht gegen die Windrichtung, du gehbehinderter Buschpischer – ansonsten benetzt du dich!

Große Seite

Red oda scheiß Buchstobn!
Nur heraus mit der Sprache!

A klana Dreck stinkt am meistn!
Kleine Glocke – großer Klöppel!

Mit volle Hosn is leicht stinkn!
Wer an der Quelle sitzt, kann leicht aus dem Vollen schöpfen!

Da Teifö scheißt oiweu am greßtn Haufn!
Wo Tauben sind, dort fliegen Tauben zu!

An Nockertn kaunn ma net in Sock scheißn!
Einen Nackten kann man nicht mehr ausziehen!

Scheiß di net an – es geht do eh nua um an Nosnrammel!
Tu dir nichts an – es handelt sich doch nur um eine Bagatelle!

Des iwakandidlte Designer-Oaschloch is si jo z' guat zum Scheißn!
Dieser eingebildete Yuppie dünkt sich ja sogar über den Stuhlgang erhaben!

Auf den Herrn vo Gschissani is gschissn!
Auf diesen aufgeblasenen Scheißkerl wird geschissen!

Wo der an Kaktus pflaunzt, host boid a Wüstn!
Wo der hinkackt, wächst in Kürze kein Gras mehr!

I woa scho a Greana, do host du no grean gschissn, du greane Kreatur!
Ich war schon ein Grüner, als du noch in den Windeln lagst, du unreifes Geschöpf!

Der Aungstscheißer mocht si jo wegn jedn Schas an!
Dieser überängstliche Kerl verliert ja wegen jeder Kleinigkeit die
Contenance!

Den Hirnschissler haum s' ins Hirn gschissn und nochhea net oweglossn!
Diesem Kopfschüssler haben sie ins Gehirn gekackt und nachher
nicht hinuntergespült!

Mia haum si daunn owa net weida untahoidn kennan, weu er hot's nimma dahoidn kennan.
Wir konnten uns dann aber nicht mehr weiter unterhalten, da er
den Stuhldrang nicht mehr zurückhalten konnte.

Er is eh glei grennt, wiara des Rennade kriagt hot – owa er hot's leida nimma gaunz gschofft!
Er hat sich ohnehin sehr beeilt, als er Durchfall bekommen hat –
aber er war leider nicht schnell genug!

Wos soi i da sogn? – De Gschicht is leida voi in d' Hosn gangan!
Wie soll ich es ausdrücken? – Die Sache ist leider völlig schiefgelaufen!

Do hamma's: Jetzat samma uandlich in da Scheißgossn!
Na bitte: Nun befinden wir uns tief in der Rue de Gack!

Oiso, des glaubst net: Der junge Spund fiaht an Spruch – do scheißt di an!
Es ist wirklich unglaublich: Dieser grüne Junge befleißigt sich einer
dermaßen derben Ausdrucksweise – da fliegt dir doch das Blech
weg!

Waunn i siech, wia si der Eiergänger ins Hemad scheißt, geht ma glei a Achterl in d' Wäsch!
Wenn ich so mit ansehen muss, wie dieser Angsthase herumzittert,
verliere ich noch glatt die Beherrschung!

Der schleißige Schlogzeiger spüt, wia waunn de Gaaß auf d' Tromml scheißt!
Das Spiel dieses schlampigen Schlagzeugers hört sich an, als würde eine Ziege auf die Trommel kacken!

Auf des Scheißviech is gschissn – do scheißt da Hund drauf!
Auf dieses Mistvieh pfeife ich – darauf kannst du dich verlassen!

Scheiß brav in d' Windln, dass d' a guade Foab kriagst!
Mach nur anständig in die Windeln, damit deine Haut einen gesunden Braunton annimmt!

Der Scheißkerl scheißt si goa nix – der beidlt si nuar o wiara nossa Hund!
Diesen Mistkerl kümmert das überhaupt nicht – er entledigt sich einfach völlig bedenkenlos seiner Pflichten!

I loss ma do vo so an rinnertn Oaschloch net aum Schädl scheißn!
Ich lasse mich doch von so einem undichten Darmausgang nicht verarschen!

A so a nixnutziger Nestscheißer – an seiner Schtö tat i mi schaman wiara Bettbrunzer!
Welch unnützer Nestbeschmutzer! Ich an seiner Stelle würde mich genieren wie ein Bettnässer!

Bei dem hot da Vota aum Ofn gschissn und nocha gsogt: „Wiaschtl, steh auf!"
Bei seiner Genese hat wohl der Vater auf die Herdplatte defäkiert und sodann befohlen: „Exkrement, erhebe dich!"

Waunn mi der Scheißkiwö deppert aunredt, geht ma glei da Fisch im Sock auf!
Wenn mich dieses Ekelpaket dumm anspricht, dann öffnet sich mein Messer selbsttätig in der Hosentasche!

Jetzat hot a de Hosn gstrichn voi, der gschissane Strichbua!
Jetzt hat er die Hose voll bis obenhin, dieser widerliche Huren-
knabe!

Des waaß i eh, dass da du nix scheißt – owa bei mir host jetz ausgschissn!
Mir ist schon bewusst, dass du ganz generell keinerlei Rücksicht nimmst – aber mit mir hast du es dir jetzt endgültig verdorben!

Jetzat haumma in Scheabn auf – jetz samma aungschissn vo obn bis unt!
Da haben wir den Salat – jetzt stecken wir bis obenhin im Dreck!

Geh gackn, Gschissana – sunst pockt mi da Gaache und i prack di in Gatsch!
Geh und verrichte deine große Notdurft, Fäkalienheini – sonst überkommt mich der Jähzorn und ich werfe dich in den Matsch!

Hau di in Rettich und loss owe, Radibua – sunst scheiß i di zua wiara Kuah!
Spring in die Klosettmuschel und betätige die Wasserspülung, du Strolch – ansonsten wirst du einen recht unbekömmlichen Fladen zu schmecken bekommen!

Kräu ins Loch – sunst servier i dar an Lochspitz, dass d' di aun-scheißt bis iwas Kreiz!
Verkrieche dich im eigenen Loch – andernfalls werde ich dich ins Löchlein kicken, dass du dich einferkelst bis unter die Ach-seln!

Geh scheißn und hupf in Haufn, Mistscheißer – sunst host glei ausgschissn!
Mach dein Geschäft und spring hinein – sonst war es dein letztes!

Scheiß de Waund aun – jetzat kräu i am Plafond!
Jetzt ist mir alles gleichgültig – ich klebe schon an der Decke!

Do wea ma goa net laung umscheißn – den scheiß ma um!
Da werden wir keine großen Umstände machen – den machen wir fertig!

Da Blitz soi di beim Scheißn treffn, dass's da des Oaschloch zuaschwaaßt!
Der Blitz möge dich beim Defäkieren treffen, auf dass dein After zugelötet werde!

Schiab di ins eigne Oaschloch, daunn geh scheißn und loss owe!
Schiebe dich in den eigenen After, kote sodann und betätige die Wasserspülung!

I quetsch da de Darm aus, dass d' des Gschissane auswendich host!
Ich drücke dir das Gedärm aus, dass die Fäkalien nur so an dir herunterträufeln!

I reiß da de Brust auf und scheiß dar aufs Herz!
Ich werde deine Brust aufreißen und dir ins Herz scheißen!

Retourkutsche

Die Krankenschwester verabreicht dem Patienten einen Einlauf. Dieser schreit vor Schmerz laut auf. Die Schwester besorgt:
„Is a Eana leicht z' haaß?" (Ist er Ihnen etwa zu heiß?)
Darauf der Patient unwirsch:
„No na, z' siaß wiad a ma sei!" (Na, was wohl: Zu süß wird er mir sein!)

DER L'AMOUR-SCHMÄH

Einführung

Weithin gilt Paris als die Welthauptstadt der Liebe und der gehobenen Kulinarik, als Heimstätte von *L'amour* und *Nouvelle Cuisine*. Im Vergleich dazu steht Wien vielleicht ein wenig provinzieller da – aber was an weltstädtischer Verfeinerung fehlen mag, wird umgehend durch erfrischend derbe Deftigkeit wettgemacht. Und zwar sowohl in der Küche als auch in der Liebe! Denn mehr noch als anderswo geht in Wien die Liebe durch den Magen. Und wenn dieser die Widerstandskraft von Gusseisen hat, dann lässt sich damit das doch eher metallisch schmeckende *„Goldene Wienerherz"* wenigstens leichter verdauen.

Immerhin geht der Wiener bei der Anbahnung von Liebeshändeln zumeist etwas subtiler vor als der durchschlagskräftige Deutsche. Dieser ist nämlich zielstrebig darum bemüht, das Objekt seiner Begierde *„aufzureißen"*, *„anzubaggern"* oder gar *„anzumachen"* – wobei in Bezug auf letzteren Ausdruck die Assoziation zur Salatzubereitung noch nicht einmal die bedenklichste ist.

Der sexuellen Appetit verspürende Wiener hingegen legt größten Wert auf eine kulinarisch korrekte Zubereitung des zu vernaschenden erotischen Leckerbissens. Und deshalb versucht er, die *„fesche Haut"* wenn schon nicht in die Pfanne zu hauen, so doch wenigstens nach allen Regeln der Kunst resch *„einzubraten"* (weichzukriegen).

Wer die traditionelle Wiener Küche kennt, der weiß, dass für diesen Vorgang vor allem eines benötigt wird: eine beträchtliche Portion Schmalz – in diesem Fall in der Bedeutung von „Rührseligkeit". Wenn es ums Einbraten geht, kann gar nicht dick genug aufgetragen werden – man will ja schließlich nichts anbrennen lassen! Und da nimmt man dann eben auch in Kauf, dass sich die so zubereitete leckere Beute nachher kräftig *„angschmiert"* (betrogen) fühlt.

Aber dem genussfreudigen Wiener lässt nicht nur ein knuspriges Bratl das Wasser im Mund zusammenrinnen – seine große Liebe gilt süßen Mehlspeisen und Bäckereien. Also schmiert er natürlich auch dem *„siaßn Weana Madl"* reichlich Honig ums Maul, damit es ihm beim anschließenden Vernaschen umso *„gschmackiger"* mundet.

Dass in der Stadt der Geiger und Tänzer auch Musik und Tanz traditionell eine wichtige Rolle bei der Ausübung der schönen Verführungskünste spielen, versteht sich wohl von selbst. Lange schon, bevor ohrenbetäubendes Dröhnen aus überdimensionierten Lautsprecherboxen die paarungswillige Jugend von der pubertären Peinlichkeit verbaler Diskurse befreite, wirkte die Musik einen unwiderstehlichen Zauber auf empfindsame Frauenherzen aus.

Dazumal wurde eben der schmalzig fiedelnde Stehgeiger an den Tisch gewinkt, welcher der Angebeteten, angefeuert durch das Zustecken eines Geldscheines, ein leidenschaftliches Ständchen darbrachte. Im Zuge dieses *„Anstrudelns"* durchsprudelten sodann quirlige Gefühle den wogenden Busen der Holden, bis sie schließlich von den wallenden Wellen inniger Zuneigung in die erwartungsvoll geöffneten Arme ihres spendablen Galans gespült wurde.

Auch der Tanzstil war in der guten alten Zeit weit mehr dem zwischengeschlechtlichen Körperkontakt dienlich als die ekstatischen Freestyle-Zuckungen modernerer Epochen. Statt wild-rhythmischer *„Negamusi"* intonierte die Tanzkapelle gepflegt einen langsamen *„Lamourhatscher"*, welcher den *geriebenen* (mit allen Wassern gewaschenen) Vorstadtcasanova alsbald zu einem *„Zuwezahra"* (eng angeschmiegte Tanzweise) animierte. Und das Weitere ergibt sich daraufhin angeblich wie von selbst.

Vor allem dann, wenn neben Musik und Tanz auch der Alkohol das Seinige dazu beiträgt, steife Stimmung und enge Moralvorstellungen zu lockern. Und reicht die Wirkung des Weines dazu nicht aus, dann greift der Mann eben zu härteren Mitteln: Das Stamperl Schnaps trägt in diesem Zusammenhang nicht von ungefähr die Bezeichnung „Hoserl-" oder sogar „Doserl-Öffner".

Der Dreiklang von Speise, Trank und Liebesspiel findet seinen phonetisch passenden Ausdruck im typisch wienerischen Lebensmotto: „Papperln, pipperln und pupperln!" Dass dabei das „Pupperl" (Püppchen) als menschliches Genussmittel auf die gleiche Stufe mit einem guten „Papperl" (Essen) gesetzt wird, sagt schon so einiges über die gesellschaftliche Wertschätzung der Frau aus.

Noch deutlicher wird das Bild, vergleicht man die Anzahl jener Ausdrücke, welche der Wiener zum Lob der Frauenschönheit geprägt hat, mit jenen, welche die Herabwürdigung von Frauen, natürlich vor allem auf Basis ihrer äußeren Erscheinung, zum Ziel haben. Die Letztgenannten finden sich zuhauf im Kapitel „Der tiafe Schmäh" – schließlich setzen sie ja meistens tief unter der Gürtellinie an.

Aber auch so manches fachmännische Frauenlob würde, käme es seiner Adressatin zu Ohren, bei dieser wohl einen eher zwiespältigen Eindruck hinterlassen. Da wird genießerisch die superbe Figur einer Dame beschrieben: „A Botzn Gschtö, de Oide!", von der prallen Größe der Büste geschwärmt: „Wauhnsinn, a echter Ballonbusen!" oder auch von den kompakten Ausmaßen des Gesäßes geschwärmt: „Bist du gelähmt – a Oascherl wiara Kruschplspitz!"

Allerdings soll es dem Vernehmen nach in emanzipierten Frauenkreisen bei der Beurteilung des weniger schönen Geschlechts auch nicht viel anders zugehen – nur eben mit vertauschten Rollen. Und ob dabei die stolzen Besitzer von Glatze, Bierbauch und O-Beinen besonders gute Figur machen, sei fürs Erste einmal dahingestellt.

Schmähführung

Erotische Euphorie

Wiara s' gsegn hot, is eam glei 's Gsicht zarunnan vua lauta Freid!
Als er sie erblickt hatte, hat sich vor lauter Freude sein Gesicht aufgelöst!

Wiari s' gsegn hob, woa's um mi glei aus und gschegn!
Als ich sie erblickte, war es um mich auf der Stelle geschehen!

Er hättat s' jo gern obusslt – owa er is nua zan Haundkuss kumman!
Gerne hätte er sie mit Küssen überschüttet – aber die Sache ist für ihn schlecht ausgegangen!

No kloa mocht a si zan Noarrn – owa er hot hoit an Noarrn aun ihr gfressn!
Natürlich macht er sich lächerlich – aber er ist eben völlig vernarrt in sie!

Wos soll i denn mochn? Des siaße Himmöfoahtsnaserl mocht mi hoit gaunz narrisch!
Was soll ich denn tun? Ihr süßes Stupsnäschen macht mich eben völlig wahnsinnig!

Mit den schmoizichn Schmochtfetzn hob i no a jede eigwicklt!
Mit diesem rührseligen Kitschlied habe ich noch jede Frau herumgekriegt!

Wiari mit ihr den Nowereiber taunzt hob, hob i glei Nowesausn kriagt!
Wie ich ganz eng mit ihr getanzt habe, hat sich süße Verwirrung meiner bemächtigt!

Bei de zwaa hot's glei gschnacklt – und daunn haum s' aa glei gschnackslt!

Zwischen den beiden hat es sofort gefunkt – und dann haben sie auch gleich gebumst!

Drei Joah laung haum de zwa umanaundaprowiat – owa jetz hot's endlich eigschlogn!
Drei Jahre lang haben die beiden geübt – aber jetzt ist sie endlich schwanger geworden!

Mei Frau is echt a Juwö – nua vasetzn deaf i s' net!
Meine Gemahlin ist ein echtes Juwel – aber sie legt großen Wert darauf, dass ich vereinbarte Verabredungen auch einhalte!

I hob an Koarl mit'm Koarl – do aa da Kuat tuat ma guat!
Mit Karl habe ich viel Spaß – doch auch Kurt macht es gut!

Ungute Verhältnisse

Oisa, de gspitzte Oide kaunnst vagessn – de is koid wiara Presswuascht!
Also, diese vornehme Dame ist zum Vergessen – die ist kühl wie Schweinesülzchen!

Mit dera Zuckabrezn wiad a si no gaunz vabliatn!
Mit diesem anspruchsvollen Luxusgeschöpf wird er sich finanziell noch völlig verausgaben!

Des bülliche Baanafutteräu hot eam okieflt bis aufs Baa!
Diese inferiore Schwanzscheide hat ihn abgenagt bis auf den Knochen!

Des Flankerl hot a vagoidt vo obn bis unt – und daunn is eam eascht oposcht!
Er hat dieses leichtlebige Mädchen mit wertvollen Geschenken nur so überschüttet – aber sie hat ihn dann erst recht verlassen!

Waunn a si net so stur auf de Stanglputzarin vasteift hätt, warat eam aa nix obrochn!
Wenn er sich nicht so eigensinnig auf diese Dirne festgelegt hätte, hätte er sich damit nichts vergeben!

Waunnst ma de Staungan hoitst, daunn steh i auf di!
Wenn du zu mir hältst, dann bist du mir lieb und wert!

Den stockdumman Steiger hot s' jo uandlich steign lossn!
Diesen strohdummen Schürzenjäger hat sie ja gründlich in Wut versetzt!

Im Bus hot sa si vo eam obussln lossn – owa wiar a ihr daunn am Busn griffn hot, woar Endstation!
Sie hat sich von ihm im Autobus abschmusen lassen – aber als er ihr dann an den Busen ging, war es aus und vorbei!

De leicht si'n aus und wicklt eam uma'n Finga, bis a ihr aus da Haund frisst wia nix!
Den reißt sie sich unter den Nagel und wickelt ihn um den Finger, bis er ihr aus der Hand frisst!

Körperorientierte Kritik

A so a gschtöde Kotz woa de Mali – gertnschlank, sog i da! Owa noch'm erschtn Gschroppn is ausanandagaungan wiara Germtag!
Amalie war ja seinerzeit ein sehr gut gebautes Mädchen – gertenschlank, sage ich nur! Aber nach dem ersten Kind ist sie aufgegangen wie ein Hefeteig!

Oisa, i sog ollarweu: Liawa sche auspoistert ois ausgfressn wiara waumperter Strohhoim!
Nun, meine Devise lautet: Lieber gut gepolstert als dürr wie ein bauchiger Trinkhalm!

Geh weida, do is jo iwahaupt nix dran an dem Mäntscherl: vuan a Bredl, hint a Lottn!
Bitte, an dem Mädel ist doch nichts dran: vorne ein Brett – hinten eine Latte!

Du brauchst da goa net de Goschn zreißn: Schau di amoi söwa aun, du gspitztes Gspenst!
Du brauchst dein Maul schon gar nicht aufreißen: Schau dich einmal in den Spiegel, du dürre Jammergestalt!

Waaßt eh, der hot si do domois de Varhungerte aufzwickt: Jetzat is der Begllodn zu ana Bettstott awantschiart!
Erinnere dich, der hat sich doch damals diese Magere angelacht: Und jetzt ist das Bügelbrett zu einer Bettstatt avanciert!

Der hot a Gsicht wia in Luis Trenker sei Bergschuach!
Sein Antlitz gemahnt an die runzelige Erscheinung von Luis Trenkers Bergschuh!

Gehst weg do mit deine Wiaschtlfinga, du widalicha Wiaschtlwarma!
Entferne umgehend deine Würstelfinger, du widerwärtiger Langweiler!

Zwielichtige Liebschaften

Wia sei Oide so zuaglegt hot, hot a si nochhea glei a neiche Freindin zuaglegt!
Nachdem seine Alte so zugenommen hatte, hat er sich gleich eine neue Freundin genommen!

Und wia s' gschnoit hot, dass a des Faungeisn owetan hot, hot a glei amoi ane ogfaungt!
Und wie sie bemerkt hat, dass er seinen Ehering abgestreift hatte, hat sie ihm auch schon eine geknallt!

Bei dera feschn Kotz brauchst goa kan Aunwurf mochn – de is a Ausghoidene vo an gstopftn Großkopfertn!
Bei diesem hübschen Mädel ist ein Annäherungsversuch völlig zwecklos – das ist die Mätresse eines begüterten Herrn Wichtig!

Ah wos, waunn's ums Gschäft geht, tuar i ihr aa schen – do kenn i kan Scheniara!
Ach was: Wenn es ums Geschäft geht, schmeichle ich ihr sogar – da habe ich keinerlei Skrupel!

De Marie kaunnst heit nocht vagessn: De hot de rode Fahn ausgsteckt!
Mit Marie wird es heute Nacht wohl nichts: Sie hat gerade die Regel!

Wia stehr i denn do, waunnst mi afoch do stehn losst?
Wie schaut denn das aus, wenn du mich hier einfach zurücklässt?

De gschissane Gwirksnixn hot ma in Gschisdara gebn!
Diese miese Problemamazone hat mir den Laufpass verpasst!

Rotz und Wossa hot s' great – und daunn is zwegn den Rotzer ins Wossa gaungan!
Sie hat zum Steinerweichen geweint – und dann hat sie sich dieses frechen Burschens wegen ertränkt!

Hocherotische Eroberer

Der gschpritzte Vurstodt-Casanova hot an Scharm wiara Fleckerlteppich!
Dieser nicht ganz zurechnungsfähige Schmalspur-Don Juan versprüht den Charme einer alten Gießkanne!

Pass amoi auf, du Gstettn-Don Juan: Moch gfölligst net dauand Repetieraugn bei meina Oidn!

Spitz deine Ohren, du Hinterhof-Herzensbrecher: Wirf gefälligst meiner Frau nicht ständig feurige Blicke zu!

Waunnst di mit so ana schmierign Autogradn oschmierst, host am End no de Schmier am Hois – und daunn sitzt in da Schmier!
Wenn du dich mit einer derart unseriösen Straßenhure intim einlässt, bekommst du es möglicherweise noch mit der Exekutive zu tun – und dann befindest du dich in einer zutiefst misslichen Lage!

Des gfüde Guarkerl mit de Guarknglasln kaunnst do net am Strich aa no schickn – do heat si do da Guarknhandl auf!
Du kannst doch das extrem kurzsichtige schwangere Mädchen nicht auch noch auf den Strich schicken – da hört sich doch alles auf!

Querbrodn – guat und sche: Owa beim Querpudern heat si da Spaß auf!
Mit meiner Frau flirten – soll sein: Aber mit ihr schlafen – da verstehe ich keinen Spaß mehr!

„Tuat ma echt lad, Herzibutzi, owa iwa Nocht kaunn i wiaklich net bleibn – muagn hob i an schwarn Tog!"
Ein erfolgreicher Verführer bläst nach getaner Tat zum geordneten Rückzug.

HeRz-Jesu-Schmäh

Einführung

Der Wiener pflegt mit dem lieben Gott einen durchaus familiären Umgang, wie ja schon aus der beliebten Bezeichnung „*Himmövota*" abzulesen ist. Er betrachtet den guten alten Herrgott als eine Art überirdischen Übervater, der mitunter zwar recht streng sein mag, aber doch auch immer wieder einmal ein Auge zudrückt.

Auch mit seinem Herrn Sohn, dem lieben Herrn Jesus, weiß man sich auf das Schönste verbunden: Wer als erste Wundertat seines Erdenlebens Wasser in Wein verwandelt, wird doch sicher, so glaubt man, auch Verständnis für gelegentliche Unmäßigkeiten beim Genuss des edlen Rebensaftes haben. Und das Weinpantschen stellt sich in diesem Zusammenhang ja sogar als ein Akt religiöser Andacht dar.

Der heiligen Kleinfamilie, bestehend aus dem Gottessohn, der Gottesmutter und dem Nährvater, wird des Öfteren mit dem Stoßseufzer „*Jessasmarandjosef!*" gedacht, ja sogar der Gottesgroßmutter Anna samt der Mutter Maria mit dem Ausruf „*Marandanna!*".

Nur mit dem Heiligen Geist hat sich der Wiener anscheinend nie so recht anfreunden können. Kein Wunder: Dieser ist schließlich nicht aus der Flasche erschienen, sondern vielmehr in Gestalt einer Taube – und die Taubenplage ist hierorts ein unerschöpflicher Quell höchst unheiliger Flüche!

Mit anderen geflügelten Himmelwesen versteht sich der Wiener allerdings blendend: Schließlich kommen die Engerln ja regelmäßig *„auf Urlaub nach Wean"*, sofern sie nicht überhaupt an Ort und Stelle von frommen Engelmacherinnen produziert werden. Fühlt sich der Wiener dem Tode nahe, so hört er *„olle Engerln singan"* und die *„Weana Madln"* sind sowieso alle Engerln. Ist eine von ihnen Meisterin im Vollzug des Oralverkehrs, so erhält sie den Ehrentitel *„Blasengerl"*, ist sie allerdings von grobschlächtiger Gestalt, dann wird sie mit der eher weniger schmeichelhaften Bezeichnung *„Engl aus da Hoizkammer"* bedacht.

Interessant ist das Verhältnis des Wieners zum gefallenen Engel Luzifer: Zwar glaubt, wenn man Meinungsumfragen Glauben schenken will, ein Großteil der Bevölkerung an den Teufel – sehr viel weniger jedoch an die Hölle. Und so wird der mächtige Höllenfürst hinterrücks zum obdachlosen Herumstreuner degradiert.

Vom Kirchenbesuch hält der Wiener jedenfalls nicht besonders viel: Der findet bestenfalls alle heiligen Zeiten statt, also zu Weihnachten und Ostern. Oder die Frequenz des Kirchganges beschränkt sich überhaupt auf Taufe und Beerdigung, was den nicht zu unterschätzenden Vorteil mit sich bringt, dass man zu beiden Anlässen getragen wird und sich so jegliche Mühe erspart.

Lieber sitzt man schon dort, wo *„da Herrgott sein Oam außestreckt"*, also in der Buschenschank, und lässt in feuchtfröhlicher Stimmung den lieben Gott einen guten Mann sein. Und so vollzieht sich allabendlich in Wien vieltausendfach das Wunder von Kanaan in umgekehrter Reihenfolge: Wein wird hektoliterweise zu Wasser verwandelt.

Schmähführung

Irdisch Mühseliges

Waunn da Herrgott net wü, nutzt des goa nix!
An Gottes Segen ist alles gelegen!

Des okieflte Henderl hot a Gschau wiara baanana Herrgott!
Dieser schmächtige Schwächling trägt eine Leidensmiene zur Schau wie eine verhärmte Christusfigur!

Do kaunnst olle vierzehn Nothöfa aunruafn – des nutzt da aa nix!
Selbst wenn du zu allen vierzehn heiligen Nothelfern um Hilfe betest, wird dir das auch nichts nützen!

De zwaa san voi iwas Kreiz – do kaunnst des Kreiz driwamochn!
Die beiden sind einander spinnefeind – da hilft alles nichts!

Der foahrt mit da Kirchn ums Kreiz, nua dass ar eam net kreizt!
Er nimmt große Umwege in Kauf, nur um nicht seinen Weg zu kreuzen!

Mia san eh vo Pontius zu Pilatus grennt – owa ois fian Hugo!
Wir sind ohnedies von einer Stelle zur anderen gelaufen – aber alles umsonst!

Na guat, daunn moch ma hoit in Gotts Nam an Vatrog, damit de Gschicht an Nam hot!
Also gut, dann setzen wir eben in Gottes Namen einen Vertrag auf, damit das Ganze etwas heißt!

Oisa, in de Bredui kumm i eine wia da Pontius ins Credo!
Also, in diese Bredouille komme ich so unvermutet wie Pontius Pilatus ins Glaubensbekenntnis!

Na, dass de Pepi ins Kloster gangan is – sünd und schod is um des Madl!
Also, dass Josefine Nonne geworden ist – ewig schade um das Mädel!

Des oide Muatterl gheat no net zan blaun Herrgott!
Die betagte Frau ist durchaus noch bei Sinnen!

Des damische Christkindl glaubt am End, zwegn eam valegns Weihnochtn auf Neujoahr!
Dieser beschränkte Naivling meint möglicherweise, dass seinetwegen das Weihnachtsfest auf den Neujahrstag verlegt wird!

Der redt so hasrich daher, ois waunn ar an Kapuziner gschlickt hätt!
Er spricht so heiser, als hätte er einen vollbärtigen Kapuzinermönch verschluckt!

Des Herrichtn vo dera Kirchn hot a Heidngöd kost!
Die Renovierung dieser Kirche hat eine unchristliche Summe Geldes verschlungen!

A oame Söö zoiht kan Zins net – höf Gott, dass woah is!
Im Jenseits ist keine Miete zu bezahlen – helfe Gott, dass dem wirklich so ist!

Da heuliche Voda hot oiweu recht – wer's glaubt, wird sölich!
Der Papst ist unfehlbar – wer daran glaubt, wird selig!

Frömmliches

Des narrische Kerznweiberl wird no in Herrgott de Fiaß obeißn!
Diese überkandidelte Betschwester übertreibt es mit ihrer Frömmelei ganz gewaltig!

Der spinnerte Herrgott-Schlecker saufat am liabstn nua Weihwossa!
Dieser bigotte Mensch nähme gerne nur geweihtes Wasser als Lieblingsgetränk zu sich!

De oide Tabernaklwanzn gibt aa east daunn a Ruah, waunn ia da heuliche Geist an Gschroppn mocht!
Diese ständige Kirchgängerin wird es erst dann gut sein lassen, wenn sie eine unbefleckte Empfängnis erfährt!

De heuliche Liachtputzn mocht si's woi in da Gham mit ana gweihtn Kerzn!
Diese bigotte Dochtstutzerin besorgt es sich wahrscheinlich heimlich mit einer gesegneten Kerze!

Geh stiftn, Kerzerlschlicker – sunst stift i dar a Kerzerl fias Oamangrob!
Hebe dich hinweg, frömmelnder Kleingeist – ansonsten könnte ich mich bemüßigt fühlen, dir alsbald eine Kerze fürs Armengrab zu spendieren!

Hupf in Taufkessl, Weihwossafrosch – sunst frisst di da Teifl zur Zehnerjausn!
Spring ins Weihwasserbecken, öliger Frömmler – sonst verzehrt dich noch der Teufel zum zweiten Frühstück!

Scheinheiliges

Auf den sei frommes Gschau gib i goa nix – der oabeit jo nua mit'm Herz-Jesu-Schmäh!
Von seiner frommen Miene lasse ich mich nicht täuschen – das ist ja ein ausgesprochen scheinheiliger Kerl!

Der grindiche Griasler hot glei Grias gstraat und sein „Griaß di Gott!" owegrissn!
Der unappetitliche Kleinkrämer hat sofort schleimig seinen Gruß entboten!

Denan foischn Foabnvakehrern deaf ma net amoi glaubn, wos betn tan!
Diesen verlogenen Wendehälsen darf man nicht einmal ihre Gebete glauben!

Den valoganen Falottn miassat ma scho längst amoi de Levitn lesn!

Diesem verlogenen Lumpen sollten wir schon die längste Zeit eine Gardinenpredigt halten!

Wiast segn, des wird no a dreckiche Himmöfoaht gebn mit den foischn Heulichn!
Du wirst sehen, mit diesem Pseudoheiligen wird es noch ein böses Ende nehmen!

Schea di zum Teife, scheinheulicha Kuttnbrunzer, und klistier eam mit Weihwossa!
Scher dich doch zum Teufel, scheinheiliger Talarbefeuchter, und verpasse ihm einen Einlauf mit geweihtem Wasser!

Missionarisches

Kruzitürkn – mit eich is a Quoi und a Kreiz!
Kuruzzen und Türken – ihr seid ja wirklich unerträglich!

Des Kreizköpfl wiad scho no z' Kreiz kriachn – und wamma eam 's Kreiz brechn!
Dieser Querdenker wird sich schon noch unterwerfen – und wenn wir seine Existenz zerstören müssen!

De gsprazte Urschl gherat amoi uandlich aufs Kreiz glegt!
Diese gezierte Nudel sollte einmal eingehend in der Missionarsstellung bekehrt werden!

No, de goscherte Godl wea ma in Gods Nam aa no katholisch mochn!
Nun, diese freche Frau werden wir in Gottes Namen auch noch gefügig machen!

Der Reservechristus kunntat jo bei de Passionsspüle mitmochn!
Dieser bärtige Langhaarige könnte ja bei Passionsspielen mitwirken!

Waunnst brav spendn tuast, host an Vuaschuss auf d' Söligkeit!
Wenn du fleißig spendest, erwirbst du dir ein Anrecht auf die ewige Seligkeit!

Na glaubst leicht, i sog da ois zwanzg Moi? – Da Pforra predigt aa nua amoi!
Glaubst du etwa, ich wiederhole mich zwanzigfach? – Auch der Pfarrer predigt nur einmal!

Sündhaftes

De zwa Gfraster san scho vuam Zsammleitn in d' Kirchn gangan!
Diese beiden Schlingel haben schon vor der Hochzeit miteinander intimen Verkehr gepflogen!

Den gfollanen Engl gheratn amoi uandlich de Fliagln gstutzt!
Dieses auf Abwege geratene Mädchen sollte mit harten erzieherischen Maßnahmen wieder auf den rechten Weg zurückgeleitet werden!

De oide Englmocharin is jetzat himmöblau vasuagt!
Die alte Abtreiberin hat eine lebenslange Haftstrafe ausgefasst!

Dein Schutzengl soi's in da Luft zareißn, dass's Fedan regnan tuat!
Deinen Schutzengel möge es im Fluge zerreißsen, auf dass es Federn regne!

Waunnst no laung lästast, kummst taxfrei in d' Höll!
Wenn du noch lange ätzt, werde ich dich gebührenfrei ins Jenseits befördern!

Er hot a sakrische Freid ghobt, wia's de oide Schabrackn daprackt hot!
Er hat sich teuflisch gefreut, als es die alte Vettel erwischt hat!

A so a Sandler – der stüht jo nua in Herrgott in Tog!
Das ist ein echter Strotter – ein unnützer Tagedieb sondergleichen!

Er losst si's guat gehn und in Herrgott an guadn Mau sei!
Er lebt fröhlich in den Tag hinein und kümmert sich nicht um Gott und die Welt!

Bei dem oidn Sünder is jo Tauf und Chrysam valuan!
Bei diesem alten Schwerenöter sind Sakramente wie Taufe und Letzte Ölung reine Verschwendung!

Der vamaledeite Sündnkrippl wiad aa no in da Höll brutzln!
Dieser verfluchte Schwerenöter wird auch noch der ewigen Verdammnis anheimfallen!

Teuflisches

Der gottvabotane Goignstrick schert si an blaun Teifl uman Herrgott!
Dieser unfromme Galgenvogel kümmert sich keinen Deut um Gott den Herrn!

Wos – a Gsöchts aum Bumpafreidog? Bist narrisch? Iss gschwind a Brot drauf, dass's da Teifl net siecht!
Wie – Selchfleisch am Karfreitag? Bist du denn wahnsinnig? Iss schnell Brot nach, damit es der Teufel nicht bemerkt!

Des klane Gfrast is aa in Teifl aus da Buttn gsprungan!
Dieses kleine Biest ist wohl aus der Butte des Krampus entsprungen!

Waunn da Teifl Kinder kriagt, kriagt a glei a Buttn voi!
Ein Unglück kommt selten allein!

Schpü di net so deppat – da Teifl schloft net!
Sei nicht so leichtsinnig – die Gefahr lauert stets im Hintergrund!

Tua net so wüd umanaundateifln – sunst hoit di no da Teifl!
Wirble nicht so wild umher – sonst wird dich noch der Teufel holen!

Dass da nua net vom Teifl traamt, waunnst oiweu so wüd fluachn tuast!
Dass dir nur nicht der Teufel im Traum erscheint, wenn du immer solche wilden Flüche ausstößt!

Auf Teifl kumm auße is a einebuhrt, da Pforra, und hot prowiat in Teifl zum Austreibn!
Ohne Rücksicht auf Verluste ist der Priester hineingestürzt und hat versucht den Teufel auszutreiben!

Des Kotznkopfpflosta hot da Teifl gmocht: Des rumpöd aan jo d' Söö auße!
Dieses Kopfsteinpflaster muss wohl der Leibhaftige gemacht haben: Da rüttelt es einem ja die Seele aus dem Leib!

Da Teifl muass mi grittn haum, dass i in de Reitschui eine bin!
Der Leibhaftige muss mich dazu gedrängt haben, das Bordell zu besuchen!

Waaß da Teifl, wiara's gschofft hot, Gott und de Wöd fiar an Noarrn zhoitn!
Weiß der Teufel, wie es ihm gelungen ist, alle miteinander zu täuschen!

Schlupf in deine Herrgottsschlapfn und schleich di zum Teifl!
Schlüpfe in deine Sandalen und schlurfe zum Teufel!

Himmlisches

Zu einem Glatzkopf:
Rudl, in Himmö kummst nimma – weu deine Hoa san eh scho ban Teifl!

Rudolf, in den Himmel wirst du nicht mehr kommen – schließlich sind deine Haare schon beim Teufel!

Jo mei – wos an vom Himmö bschoffn is, des bleibt hoit kan Menschn aus!
Ach ja – was einem von oben vorbestimmt ist, das lässt sich nun einmal auf Erden nicht ändern!

Bei den Fest geht's jo heit zua wiar in ewichn Lebn!
Diese Feier vermittelt einem ja schon auf Erden einen Vorgeschmack des Paradieses!

Es gibt hoit oiweu wos, des in Himmö hoit!
Irgendetwas stört auf Erden eben immer die vollkommene Harmonie!

Des Golasch is jo a Gottesgob – do kunntat i mi eineknian und drei Votaunsa betn!
Dieses Gulasch ist ja göttlich – da könnte ich mich hineinknien und drei Vaterunser beten!

Waunn da Weana an Schas losst, daunn mocht da Herrgott a schens Wetter!
Lässt der Wiener einen fahren, so sorgt Gott für gutes Wetter.
(Ein tief beeindruckendes Beispiel von nonverbaler Kommunikation auf höchster spiritueller Ebene.)

Lästerliches

Fix no amoi!
Kreuz wiederum!
(Blasphemischer Ausruf eines betrogenen Ehemannes, der seine Frau in flagranti ertappt. Dieser könnte allerdings von seinem Nebenbuhler höchst missverständlich interpretiert werden.)

DER BRUTALE SCHMÄH

Einführung

„Hunde, die bellen, beißen nicht!" Wenn man diesem alten Sprichwort wirklich trauen könnte, dann wären die Wiener wahrscheinlich die friedfertigsten Menschen der Welt. Denn was man hierorts an verbal-radikalen Brutalitäten und derben Drohungen zu hören bekommen kann, ist bei Gott kein *„Lercherlschas"*! Freilich, es wird nicht so heiß gegessen wie gekocht – aber nichtsdestotrotz ...

Es mag ja sein, dass die Ventilfunktion rüden Beflegelns tatsächlich dazu beiträgt, rechtzeitig emotional jenen Dampf abzulassen, der ansonsten die inneren Gefühlsturbinen in Richtung reale Gewalttätigkeit antreiben würde. Aber man fragt sich doch, was wohl passieren würde, wenn dieser Druckausgleich durch das verbale Ventil nicht mehr ausreichen sollte. Es tun sich da wahrhaft vulkanische Abgründe auf!

Natürlich hat der brutale Schmäh einen immens hohen Unterhaltungswert, insbesondere wenn er fantasievoll und mit Liebe zum Detail geführt wird. Aber er scheint mir doch nach dem gleichen Prinzip zu funktionieren wie Krimis oder Horrorfilme: Unterschwellig schwingt stets eine leise Ahnung vom wirklichen Grauen mit.

Ich erinnere mich noch gut an eine Demonstration anlässlich der Arena-Besetzung im Jahr 1976, als beim Bahnhof Landstraße ein gemütlich wirkender älterer Herr aus dem Spalier der *„Gehts oabeitn!"* rufenden Zuschauer auf mich zutrat und mir mit freundlichem Lächeln mitteilte, dass seiner unmaßgeblichen Meinung nach dieses ganze Demonstrantenpack notgeschlachtet gehöre und die so gewonnenen Häute am besten zu Lampenschirmen verarbeitet werden sollten.

Ich war derart fassungslos, dass ich mich nur erkundigte, ob er diesen Vorschlag denn wirklich ernst meine. *„Aber selbstverständlich!"* lautete seine durchaus höfliche Antwort. Kein Schmäh.

Schmähführung

Erste Förmlichkeiten

Aufmuckn? – Bluat spuckn! Aufreibn? – Bluat speibn!
Aufbegehren? – Blut spucken! Ausholen? – Blut brechen!

I nimm di glei in Schwitzkostn, dass d' Bluat schwitzt!
Ich werde dir gleich eine derartig enge Halskrause anmessen, dass dir das Blut aus allen Poren schießt!

Waunnst net staad bist, daunn staubt's!
Wenn du nicht still bist, dann setzt's was!

Waunnst ma auf de Tour kummst, schpüt's glei aundare Tanz!
Wenn du mich in dieser Dur-Tonart ansingst, werden wir gleich andere Saiten aufziehen!

Ziag da wos Gscheits an – sunst schewat's in da Hosn!
Zieh dich anständig an – sonst spanne ich dir den Hosenboden!

Heb di, Schöberl – sunst schewat's!
Erhebe dich, Schöberl – sonst scheppert es!

Wos is, Bettbrunzer – bettlst um a Watschn?
Was ist los, du Bettnässer – bittest du etwa flehentlich um eine Backpfeife?

Burle, learn amoi grod brunzn – sunst brunz i di mit links in Donaukanäu!
Knabe, mache er sich zuerst einmal mit den grundlegenden Praktiken des täglichen Lebens vertraut – ansonsten hat er schwerste Sanktionen zu gewärtigen!

Waunn ana so ausschaut wia du, daunn muass ma eam jo ane auschaun lossn!
Wenn jemand so aussieht wie du, dann muss man ihm doch gleich eine ansehnliche Ohrfeige verpassen!

Bist an sich eh a patenter Kerl – owa jetzt ramst glei a Patentwatschn o!
An und für sich bist du ja ein anständiger Mensch – aber jetzt wirst du gleich eine ausgesprochen kräftige Maulschelle kassieren!

Waunnst iwa d' Schnur haust, daunn haur i di aus'm Soiz!
Wenn du über die Stränge schlägst, dann schlage ich dich mit aller Strenge!

Waunn i dar ane stopf, du gstopfta Stoppl, daunn kaunnst di glei ausstopfn lossn!
Wenn ich dir eine reindonnere, du überbemittelter Zwerg, dann kannst du dich gleich ausstopfen lassen!

Waunnst net glei parierst, wear i da scho in Biss aunlegn!
Wenn du nicht augenblicklich folgst, werde ich dich schon gefügig machen!

Pass jo auf, du Giftnigl: Des Messer schneidt wiara Gift!
Gib nur ja acht, du Zornbinkel: Dieses Messer schneidet wie der Teufel!

Moch kane Manderln, sunst reiß i da de Mandln mit da Beißzaungan!
Mach dich nicht wichtig, sonst werde ich dir die Mandeln mit der Beißzange operieren!

Misch di net ei, sunst misch i di auf wiara Mischmaschin!
Misch dich da nicht ein, sonst werde ich dich durchmischen wie eine Mischmaschine!

Waunnst weida so bled aus da Wäsch schaust, setz i da in Dam aufs Aug!
Wenn du weiterhin einen derartig blöden Blick aufsetzt, sehe ich mich leider genötigt, ausgeprägte physische Gewalt anzuwenden!

Waunnst net spuarst, drah i da de Sprudler ei wiar an Spuatgummi!
Wenn du meinen Aufforderungen nicht umgehend Folge leistest, werde ich dir die Beine wie einen Kaugummi zusammendrehen!

Düstere Ankündigungen

Waunn a außekummt, hot a glei ane drin!
Sobald er heraus kommt, bekommt er auch schon eine serviert!

Waunn a no amoi bled mödt, hob i eam glei am Bindl!
Noch eine freche Bemerkung und ich habe ihn schon beim Schlafittchen!

De weche Nuss wea ma si jo woi aa no knackn!
Mit dieser jämmerlichen Person werden wir wohl auch noch fertig werden!

Den Schmeckerer wear i no wos zan Schmeckn gebn!
Diesen Schnüffler werde ich noch einmal kräftig schnuppern lassen!

Waunn a no laung bled umatuat, setz i eam's Messa aun!
Wenn er noch lange Mätzchen macht, werde ich ihm das Messer ansetzen!

Waunn ma der no amoi bled kummt, wear i ma den Kerl amoi ausbuagn!
Wenn er mir noch ein einziges Mal unangenehm auffällt, dann werde ich mir den Herrn einmal tüchtig vornehmen!

Mit den lahmoaschign Lahmscheiber wear i boid amoi um an Lahm foan!
Diesem arbeitsscheuen Faulpelz werde ich jetzt bald das Fell über die Ohren ziehen!

Dem wear i seine Tanz scho no austreibn – und waunn i eam de Haxn ausreiß!
Dem Herrn werde ich seine Marotten schon noch abgewöhnen – selbst wenn ich gezwungen sein sollte, sehr energisch durchzugreifen!

Der blede Plottnritter gherat jo ogwatscht noch olle Tonoatn!
Dieser tumbe Discjockey sollte eigentlich nach Strich und Faden versohlt werden!

Waunn ma der zahnglatzerte Bischkottnzuzler no laung am Nerv geht, loss i eam sei Kruckn schluckn!
Wenn mich dieser zahnlose Mümmelgreis noch lange nervt, dann werde ich ihn dazu bringen, seinen Krückstock zu verschlucken!

Waunn i den goschatn Goistaunganbrunzer dargleng, hau i eam zsamm auf a Golasch!
Wenn ich diesen frechen Versager von einem Torhüter zwischen die Finger bekomme, werde ich ihn zu Gulaschfleisch verarbeiten!

Waunn a mi in Raasch bringt, tritt i eam stante pede des Kreiz o!
Wenn er mich in Wut versetzt, trete ich ihm stehenden Fußes die Lendenwirbelsäule zuschanden!

Meinarsöö: Waumma da Krogn plotzt, kragl i eam o!
Bei meinem Seelenheil: Wenn mich der Zorn übermannt, erwürge ich den Mann!

Einschlägige Ereignisse

Mir nix, dir nix hot a fia nix und wieda nix Wichs kriagt!
Ruckzuck hat er völlig grundlos Prügel bezogen!

Eascht wiar eam de Schnoin ane gschnoizt hot, hot a's endlich gschnoit!
Erst als ihm die Schlampe eine übergezogen hat – da hat er es endlich kapiert!

Mei Oida woa no vom oidn Schlog: Der hot mi oiweu gschlogn!
Mein Vater war noch von der guten alten Art: Der hat mich ständig verprügelt!

A gschlogane Stund hob i eam gschlogn – owa ea hot no imma net gwusst, wiavü's gschlogn hot!
Eine volle Stunde lang habe ich ihn verdroschen – er aber hat noch immer nicht kapiert, was Sache ist!

Den Biarnhiata haum s' biarnt, dass eam de Grausbiarn aufgstiegn san!
Sie haben den Bauerntölpel so verprügelt, dass sich angstvolles Schaudern seiner zur Gänze bemächtigt hat!

Wiar i eam gsteckt hob, dass i mit Vakeahde net vakeahn tua, hot a mar a Vakeahde vapasst!
Als ich ihm mitteilte, dass ich mit Homosexuellen keinen Umgang pflege, hat er mir mit dem Handrücken eine übergezogen!

Der komische Vogl hot den Fuzzi glei amoi ogfotzt, dass de Fetzn gflogn san!
Dieser schräge Kerl hat dem Kümmerling gleich einmal ein paar vor den Latz geknallt, dass es ihn aus dem Anzug geschält hat!

Daunn haumma den oidn Tattara darennt – des woar a tartarische Hetz!

Und dann haben wir den alten Zittergreis über den Haufen ge-
rannt – das war ein Heidenspaß!

**Den hot da Herzkaschperl auf de Gschwinde in d' Windln
prackt!**
Ein Herzinfarkt hat ihn ganz plötzlich in ein hilfloses Kleinkind zu-
rückverwandelt!

Er hot ia ane poscht – auf des hinauf is eam oposcht!
Er hat ihr eine verpasst – daraufhin ist sie auf und davon!

**Sie hättat eam sogoa driwalossn – owa er is iwa des driwagfoahn
wia nix!**
Sie hätte sich ihm sogar hingegeben – er aber hat die Angelegenheit
brutal und rücksichtslos erledigt!

**Auf amoi is eam da Gaache eigschossn – do hot as daunn in da
Gaachn darschossn!**
Ganz plötzlich ist ihm der Zorn aufgestiegen – da hat er sie dann
im Affekt erschossen!

**In sein Rappl hot a umghaut, dass nua so krocht und grammlt
hot!**
Während seines Wutanfalles hat er wild um sich geschlagen, dass es
nur so gekracht und geknirscht hat!

Beherzigenswerte Ratschläge

**Hea zua: Hea auf! Und waunnst net waaßt, wos si gheat, kriagst
glei a ghearige Tetschn!**
Hör zu: Hör auf! Und wenn du nicht hören willst, dann musst du
fühlen!

**Waunn de Gschicht voi hiihaun soi, daunn muasst so laung hii-
haun, bis eam hiihaut!**

Damit die Sache zur Gänze gelingt, musst du so lange auf ihn ein-
prügeln, bis er zu Boden geht!

Moch mi net spinnat – sunst spritz i di in Spinot!
Mach mich nicht wild – sonst spüle ich dich ins Grünland!

Kumm ma jo net in d' Quer – sunst kumm i da mit'm Gwehr!
Komm mir ja nicht in die Quere – sonst hole ich mein Gewehr!

Tua do net speanzln, du Spechtla, sunst sperr i di in Käfich!
Spionier hier nicht herum, du Spanner, sonst wirst du in den Kä-
fig gesperrt!

**Hoit de Muffn, du mufficha Muffl, sunst kumm i mit da Puffn,
dass da de Muffn geht!**
Halt den Mund, du unfreundlicher Griesgram, sonst werde ich dir
mit der Faustfeuerwaffe das Fürchten lehren!

**Moch do kan Wirbl, sunst nimm i di bei de Widln und drah di
zsamm auf an Zopf!**
Verursache hier keinen Aufruhr, sonst packe ich dich am Schopf
und flechte dich zu einem Zopf!

Red net so hochgstochn – sunst stich i di o!
Sprich nicht so vornehm – sonst nehme ich mir dich mit dem
Messer vor!

Red net so gschwoin daher, sunst host glei a gschwoins Äugl!
Sprich nicht so geschwollen, sonst werde ich dir ein angeschwolle-
nes Auge verpassen!

**Red ned zruck, waunn i viare red – sunst biag i da d' Ferschn
viare!**
Keine Widerrede, wenn ich vorrede – sonst drehe ich dir die Fer-
sen nach vorne!

Schpü di net deppat, du Krippögschpü, sunst schpül i mit deine Baana Mikado!
Fordere mich nicht heraus, du Klappergestell, sonst werde ich mit deinen Knochen Mikado spielen!

I wink da glei ane, du Winklschreiwa, dass d' oisa Winslada im Winkerl pickst!
Ich watsche dich gleich, du Winkeladvokat, dass du winselnd in der Ecke klebst!

Toni, geh dauni! – Geht da Toni no net dauni, nimm in Toni, hau eam dauni, bis da Toni daunegeht!
Anton, geh weg da! – Geht der Anton noch nicht weg, dann nimm ihn und hau ihn nieder, bis er von dannen zieht!

Dringliche Aufforderungen zum Verschwinden, garniert mit drastischen Drohungen

Beulisier, Beidlrotz – sunst betonier i dar a Beuln wia de Koarlskuppl!
Verschwinde, du Filzlaus – sonst werde ich dir eine Beule von der Kuppelgröße der Karlskirche bescheren!

Bua aus, Buarle – sunst buari dar a Loch ins Knia!
Putz dich, Bübchen – ansonsten werde ich dir ein Löchlein ins Knie bohren!

Daumpf o, Daumpfplaudara – sunst wear i da glei Daumpf mochn!
Verdampfe, du Heißluftgenerator – sonst werde ich dir Dampf machen!

Drah di, Waberl, owa ruckzuck – sunst drah i di ham!
Büchs aus, Barbara, aber mal hastig – sonst wirst du barbarisch gemeuchelt!

Fetz o, Fetznschädl – sunst darschlog i di mit an nossn Fetzn!
Flitz fort, lumpiger Lümmel – sonst werde ich dich mit einem feuchten Flickentuch erschlagen!

Foahr o mit dein schwindsüchtign Hämmorhoidn-Kocher – sunst kumm i da mit'm Dosnöffna!
Fahren Sie doch weiter mit Ihrem schmalbrüstigen Kabinenroller – ansonsten rücke ich Ihnen mit dem Büchsenöffner zu Leibe!

Flutsch fuat wiara Pfitschipfeu, pflamicher Pferscher – sunst fotz i di o, bis d' pfutsch bist!
Zisch ab wie ein Pfeil, flaumiger Pfirsich – sonst werde ich dich ins Jenseits watschen!

Foahr o mit dein Kreiwö – sunst klescht's glei wia bei ana Massn-karambolasch!
Fahr ab mit deiner Karre – sonst kracht es gleich wie bei einer Massenkarambolage!

Geh bodn, sauf o und tauch nimma auf – sunst druck i di aus wiar an Ausreibfetzn!
Geh baden, geh unter und tauch nicht wieder auf – sonst werde ich dich auswringen wie ein Aufwischtuch!

Geh di brausn, goscherte Braut – sunst tusch i dar ane, de si gwoschn hot!
Geh dich duschen, freche Braut – sonst zisch ich dir eine, die sich gewaschen hat!

Geh vaschitt und loss di jo nimma ausgrobn – sunst blos i dar an Tunnö duachs Hian!
Lass dich verschütten und ja nicht wieder ausgraben – sonst werde ich einen Tunnel durch dein Gehirn sprengen!

Geh di woschn, sunst wosch i dar in Schädl, dass d' glei no bleda aus da Wäsch schaust!

Putz dich, sonst werde ich dir eine Kopfwäsche verpassen, dass du gleich noch dümmer aus der Wäsche schaust!

Geh ma net am Zaaga – sunst ziag i di auf bei de Uarn, dass d' orennst wiara Wecker!
Geh mir nicht auf den Wecker – sonst ziehe ich dich an den Ohren auf, dass du ratschst wie eine heisere Weckuhr!

Hau di in d' Kommunekistn, du Sandler – sunst bist glei fest am Sand!
Wirf dich in den Streucontainer, du Streuner – sonst wirst du gleich sehr zerstreut sein!

Hau di in Koks, Koksnosn – sunst leg i dar a uandlichs Schäuferl noch!
Schnupf dich weg, Kokainschnüffler – sonst besorge ich dir gründlich Nachschub!

Hau di in Talon – sunst moch i an Stich, dass d' zuadrahst auf ewich!
Verzieh dich in den Kartenstoß – sonst wirst du so gestochen, dass du für immer ausgespielt hast!

Hupf iwa d' Hiadn, Bianhiater – sunst wear i da glei amoi de Wadln viererichtn!
Spring über die Hürden, Birnenhirt – ansonsten werde ich dir die Waden nach vorne drehen!

Hutsch di – sunst rutscht ma de Haund aus, dass d' di auf da Oberliachtn hutscht!
Verkomm – sonst kommt mir die Hand aus, dass du zum Dachflächenfenster fliegst!

Krotz de Kurvn, du Kreiwö – sunst kriagst ane zwischn d' Liachta, dass's di in Grobn prackt!
Kratz die Kurve, du Schrotthaufen – sonst gibt's eine zwischen die Scheinwerfer, dass du im Straßengraben landest!

Lahn di auße, lascher Lahmlackl, bevuar i di dargleng und zum Glanda zuwelahn!
Lehn dich nach draußen, du lahmer Hänger, bevor ich dich zu fassen bekomme und ins Geländer flechte!

Loss da hamleichtn – sunst blos i da d' Liachta aus, dass d' komplett schwoaz siechst!
Lass dir heimleuchten – sonst werde ich dir die Lichter ausblasen, dass du völlig schwarzsiehst!

Loss di hamgeign, du Heugeign – sunst reib i da ane in d' Glawiatua, dass's Granada spüt!
Lass dich mit klingendem Spiel nach Hause geleiten, du zaundürre Ziege – sonst werde ich auf deinen Rippen Klavier spielen!

Loss di owe, sunst haur i di oisa ungspitzter in d' Erd, dass d' di mit'm Grundwossa rasiern kaunnst!
Seil dich ab, sonst werde ich dich mit dem stumpfen Ende in die Erde treiben, dass du dich mit dem Grundwasser barbieren kannst!

Loss mi in Kraut, krauperter Krautwochter – sunst host in Hau!
Lass mich in Frieden, fadenscheinige Vogelscheuche – sonst fliegst du gleich von hinnen!

Marschier, Windvadrahda – sunst blos i da in Marsch, dass da de Leiffln duachgengan!
Marschier ab, derangierter Range – sonst werde ich dir den Marsch blasen, dass deine Beine selbsttätig aushirschen!

Moch a Woikn, du Doik – sunst woik i di aus auf a Baundnudl!
Sei eine Wolke, du Dolm – sonst werde ich dich zu einer Bandnudel auswalzen!

Moch an Obgang, solaungst no kaunnst – sunst moch i dar an Einlauf mit da Feiaspritzn!

Mach einen Abgang, solange du noch kannst – sonst werde ich dir mit der Feuerwehrspritze einen Einlauf verabreichen!

Moch an Schuach – sunst schuastar i di mit'm Schuachleffö!
Mach dich auf die Socken – sonst werde ich dir mit dem Schuhlöffel zu Leibe rücken!

Moch an Seavas – sunst servier i dar a Faustwatschn, dass d' uandlich obeißt!
Verabschiede dich schleunigst – sonst werde ich dir eine Prügelsuppe servieren, an der du ordentlich zu kauen haben wirst!

Moch de Muckn, Mucknstrunz, und muck jo net auf – sunst mochst kan Muckser mea!
Schwirr ab, Winzling, und ja keine Aufmüpfigkeiten – andernfalls wirst du keinen Mucks mehr machen!

Moch di aus'm Staub, Schob – sunst klopf i di aus wiar an Tewich, dass nuar aso staubt!
Mach dich aus dem Staub, du Schabe – sonst werde ich dich ausklopfen wie einen Teppich, dass es nur so staubt!

Moch di schmoi, Scheanglata – sunst schlatz i dar a Glosaug, dass d' Glosbotzn reast!
Mach dich schmal, Schielauge – sonst werde ich dir ein Glasauge spucken, auf dass du gläserne Tränen weinst!

Moch do kan Tango, sunst faungst ane o, dass d' di drahst wiara Woiferl!
Mach keine Fisimatenten, sonst bekommst du eine, dass du rotierst wie ein Kinderkreisel!

Pfiat di Gott mit Rosnwossa– sunst klistier i di in da Luft mit Glosscheabn!
Behüte dich Gott mit Rosenwasser – andernfalls verpasse ich dir frei schwebend ein Glasscherben-Klistier!

Posch o, Potschochta – sunst posch i dar ane, dass d' de Potschn streckst!
Taumle fort, du Tölpel – sonst torpediere ich dich, dass du alle viere von dir streckst!

Ram di, Ramsampal – sunst ram i da de Frisur owe, dass d' auf ewich ramponiat bist!
Entferne dich, Unruhestifter, oder ich werde dich enthaaren, dass du für immer entstellt bist!

Reiß o wiara Vierzga-Zwirn, Zwirnscheißer – sunst nimm i di in d' Reißn, dass dar da Reis geht!
Reiß ab wie ein dünner Zwirnsfaden, Umstandsmeier – sonst werde ich dich aufzwirbeln, dass du in andere Umstände kommst!

Renn ham und vasteck di in da Schmutzwäsch – weu do gheast hii, du Fetznbinkl!
Lauf nach Hause und versteck dich unter der Schmutzwäsche – denn dort passt du auch hin, du schäbiges Lumpenbündel!

Schau, dass d' weidakummst – sunst haur i di an d' Waund, dass d' glei pickn bleibst!
Sieh dazu, dass du dich davonmachst – sonst werde ich dich dermaßen schwungvoll an die Wand werfen, dass du dort gleich kleben bleibst!

Scheib o, schmieriga Scheißkerl – sunst scheib i di aun wiara Scheibtruchn!
Schieb ab, schmieriger Schieber – sonst fahre ich mit dir Schlitten!

Schleich di, owa gschwind – sunst moch i dar an doppötn Knopf in d' Schläuch!
Schleich davon, und zwar schleunigst – sonst werde ich dir die Beine doppelt verknoten!

Schmiar o, Gschmiarda – sunst schmiar i da ane, dass d' obuarst wia gschmiart!
Rutsch fort, abgefeimter Kerl – sonst rutscht mir die Hand aus, dass du davondüst wie frisch geölt!

Schpü Schas und vaduft – sunst blos i da de Bock auf, bis dass s' plotzen!
Mach auf Darmwind und verdufte – sonst blase ich dir die Schuhe auf, bis sie explodieren!

Schwing di, Schwindsichtiga – sunst kaunnst di boid auf ana Woikn hutschn!
Schwing dich fort, schwindsüchtige Gestalt – sonst kannst du bald auf einer Wolke schaukeln!

Seu di o – sunst hängst am Bam wiara Biarn mit Wiarm drin im Hiarn!
Seil dich ab – sonst baumelst du am Baume wie eine Birn mit Würmern im Hirn!

Spuck aus und schwimm ham – sunst fliagst mitsamt dein schwindlichn Spuckerl zum Autometzger!
Spuck aus und schwimm nach Haus – sonst wirst du samt deinem putzigen Kleinwagen auf dem Autofriedhof landen!

Steig auf wiara Raffler, du Strick – sunst steig i dar ins Gfries, dass d' Bluat rearst!
Steig empor wie ein Papierdrachen – sonst werde ich dir ins Antlitz treten, dass du blutige Zähren weinst!

Steig ins Gschirrl und bliah ois Holunder – sunst stutz i di zsamm auf an Schnittling!
Klettere in einen Blumentopf und blühe als Holunderstrauch – sonst werde ich dich auf Schnittlauchlänge zusammenstutzen!

Stink o – sunst stanz i da mit'm Stiefö a Schnittmusta in Steiß!
Verdufte – sonst präge ich dir mit der Stiefelsohle ein Schnitt-
muster in die Steißgegend!

**Tauch o, tiafaugata Tiafling – sunst tauch i di aun, dass d' nimma
auftauchst!**
Tauch unter, hohläugiger Homo – sonst werde ich dich so anschie-
ben, dass du nie mehr auftauchst!

**Vabresl di, Remasuri-Reserl – sunst gibt's Bresln, bis d' voi
paniert bist!**
Verkrümle dich, Tumult-Theres – sonst fliegen die Späne, bis du
zur Gänze paniert bist!

**Vadrah de Schläuch, gschlauchtes Schlaucherl – sunst host in
Schlauch, in aufdrahdn!**
Roll die Schläuche ein, abgespannter Schlaumeier – sonst wird dich
ein scharfer Strahl hinwegspülen!

**Vadruck di, bevuar i dar ane druck, dass dar es Hirn außedruckt
bei de Uarwaschln!**
Verdrück dich, bevor ich dich so unter Druck setze, dass dir das
Hirn bei den Ohren herausgedrückt wird!

Die geballte Faust wird drohend vor die Nase des Gegners gehalten:
Vaduft, du Loch in da Natur – sunst riachst zu mein Baan!
Verdufte, du Makel der Schöpfung – sonst schnupperst du gleich
intensiv an meinem Handwurzelknochen!

Vakräu di, krauperter Krauterer – sunst kräust am Zahnfleisch ham!
Verkriech dich, grindiger Greis – sonst wirst du am Zahnfleisch
heimkriechen!

Vakumm, vakummane Kruckn – sunst kumm i da glei gaunz aunderst!
Verkomm, verkommene Krücke – sonst werde ich gleich andere
Saiten aufziehen!

Valier di, du Spechtla – sunst kriagst an Tschuck aufs Guck, dass d' muagn no reast!
Gerate umgehend in Verlust, du Voyeur – sonst verpasse ich dir ein Veilchen auf dein Auge, sodass du noch morgen weinen wirst!

Varoi di, du Roischuachrüpö – sunst sitzt im Roiwagerl wiara ausgstopfta Roimops!
Verroll dich, du Rollschuhrüpel – sonst sitzt du bald im Rollstuhl wie ein gefüllter Rollmops!

Vaschwind, Schwindlicha – sunst drah i di eine, dass d' voi duachdrahst!
Verschwinde, Schwindliger – sonst werde ich dich so eindringlich eindrehen, dass du völlig durchdrehst!

Varteu di unauffölllich, dirra Baanageist – sunst kaunnst da deine Baana nummariern!
Verteile dich unauffällig im Raum, dürrer Knochengeist – sonst kannst du dir deine Knochen nummerieren!

Vaziag di, vazogena Frotz – sunst ziag i da de Leffön laung vo do bis Bradnsee!
Verzieh dich, verzogener Fratz – sonst werde ich dir die Ohren so lang ziehen, dass sie von hier bis in den weit entfernten Vorort Breitensee reichen!

Wochs ume – sunst brockst glei a Lerchnföda Vagissmeinicht!
Geh weg – sonst kassierst du gleich eine bodenständige Ohrfeige, die du nicht so bald vergessen wirst!

Zisch o wiara Raketn – sunst haur i di duach Sunn und Mond, dass d' Sterndaln siechst!
Zisch ab wie eine Rakete – sonst werde ich dich durch Sonne und Mond schleudern, sodass du nur mehr Sterne siehst!

Sehr derbe verbale Körperattacken, geordnet vom Scheitel bis zur Sohle

I drah da glei de Birn aus, dass d' schwoaz siechst!
Ich werde dir gleich den Kopf abschrauben, auf dass es dunkel um dich werde!

I reiß da de Hoa anzln aus, dass d' a Glotzn host wiara glottgwixta Globus!
Ich werde dir die Haupthaare einzeln ausrupfen, bis du eine Glatze besitzt wie eine glatt polierte Erdkugel!

Dem Kontrahenten wird die geballte Faust vor die Nase gehalten:
Riach de Knospn: Waunn de aufgeht, gehst unter!
Schnuppere an dieser Knospe: Wenn diese sich öffnet, dann wird dein Lebensbuch geschlossen!

I druck da des schiache Wimmerl zwischn d' Uarn aus, dass dei Eiterhirn außespritzt wia nix!
Ich werde dir diesen hässlichen Pickel zwischen den Ohren ausquetschen, dass dein Eiterhirn nur so herausspritzt!

I tritt dar a Stiagn ins Hian, dass si de Trottln daschtessn!
Ich werde dir eine Treppe ins Hirn treten, auf der deine Blödheiten in den Tod stürzen!

I sauf dar a Aug aus und loss da des aundre zum Rean!
Ich werde dir ein Aug aussaugen – das andere lasse ich dir zum Weinen!

Knotz do net umananda wiara aungmoinda Kimmetiak – sunst druck i dar an Hoibmond aufs Aug!
Hock hier nicht herum wie ein bemalter Kümmeltürke – ansonsten werde ich dir einen Halbmond aufs Auge drücken!

Tua mi net pflaunzn – sunst pflaunz i da ane aufs Aug, dass 's blau bliaht!
Halte mich nicht zum Besten – sonst verpasse ich dir ein Veilchen!

Tua do net umanandanosern, sunst drah i da de Nosn auf a Gwind und schrauf di in d' Waund!
Schnüffle hier nicht herum, sonst verdrehe ich dir die Nase zu einem Gewinde und schraube dich sodann in die Wand!

Spitz de Uarn, sunst gib i dar a Uarnreiberl, dass d' mit de Augöpfn Jo-Jo spüst!
Merk auf, sonst massiere ich dir die Ohrmuscheln, dass du mit den Augäpfeln Jo-Jo spielst!

I reiß da de Uarn aus, brot s' auße im Uarnschmoiz und vadrah s' fia Grammln!
Ich werde dir die Ohren ausreißen, sie im Ohrenschmalz rösten und als Grieben feilbieten!

I reiß da de Waschln aus und stopf da s' in d' Nosnlecha, dass d' bessa heast, wiast niast!
Ich werde dir die Ohren ausreißen und in die Nasenlöcher stopfen, dass du es besser hören kannst, wenn du niest!

I gib dar ane hinta d' Leffln, dass d' oschwimmst wia's Eitrapfte in da Suppn!
Ich werde dir eine hinter die Ohrlöffel platzieren, dass du davonschwimmst wie die Teigbatzen in der Eintropfsuppe!

Geh, reib eam ane, dass ar an Bognschliff mocht!
Ach, sei doch so gut und gib ihm eine Ohrfeige, dass er die Kurve kratzt!

I hau dar ane in d' Goschn, dass da de Wipplingerbrosch außebreslt!
Ich werde dir eine aufs Maul hauen, dass dir dein Krankenkassengebiss zerbröselt!

I zisch dar ane, dass d' ob muagn mit'm Zahnbiaschtl ins Laare stirlst!
Ich werde dir eine Maulschelle verabreichen, sodass du ab morgen
mit der Zahnbürste ins Leere fährst!

**I steig dar in d' Zähnd, dass d' auf an zahnluckertn Kampl Triab-
soi blosn kaunnst!**
Ich werde dir in die Zähne treten, dass du auf einem lückenhaften
Kamm Trübsal blasen kannst!

**I prack dar ane aum Untakiefa, dass da de Zähnd in Zwarareihn
beim Oasch außemarschiarn!**
Ich werde dir einen derart wuchtigen Schlag auf den Unterkiefer
applizieren, dass deine Zähne in Zweierreihen beim After hinaus-
marschieren!

**I gleng dar ane, dass d' mit'm Kopf duach d' Rippn schaust wia
dar Off duach'n Godern!**
Ich werde dir einen Hieb versetzen, dass du mit dem Kopf durch
die Rippen schaust wie der Affe durch die Gitterstäbe seines Käfigs!

**I flosch dar ane, du Floschn, dass d' di ois Oitglos vascheabln
lossn kaunnst!**
Ich werde dir eine Maulschelle verpassen, du Schelm, dass du völlig
zerschellt in der Altglassammelstelle landest!

I birn di auf d' Birn, bis da de Grausbirn aufsteign!
Ich werde dich aufs Haupt hauen, bis du zutiefst erschauderst!

**I betonier dar ane, dass dar a Wochn laung da Kopf woglt wiar
an Schpüzeigdackl!**
Ich werde dir eine aufdackeln, dass dir eine Woche lang das Haupt
wackelt wie einem Wackeldackel!

I häng dar ane um, dass d' am Stand rotierst wiara Brummkreisl!
Ich werde dir eine Backpfeife zukommen lassen, dass du im Stand
rotierst wie ein Kinderkreisel!

**I rauch da ane aun, dass da de Gscheitheit bei de Uarn auße-
raucht!**
Ich werde dir eine anrauchen, dass dir deine Klugheit bei den Ohren ausraucht!

**I schmia dar a Stereo-Watschn, dass d' doppöt deppat drei-
schaust!**
Ich werde dich links und rechts ohrfeigen, dass du zweifach blöde
guckst!

I zisch dar a Tschinön, dass d' de Pummerin leitn heast!
Ich werde dir wie ein Tschinellenspieler gleichzeitig links und
rechts eine versetzen, dass du vermeinst, in deinen Ohren die größte
Glocke des Stephansdomes läuten zu hören!

Glei fangst a Tetschn o, dass da des Gsicht aus'm Leim geht!
Gleich fängst du eine ab, dass dir das Gesicht aus dem Leim
geht!

I leg dar ane auf, dass de zweite scho a Leichnschändung is!
Ich leg dir eine auf, dass die zweite Watsche schon unter „Leichen-
schändung" fällt!

I potz dar ane eine, dass da des Gnack oreißt!
Ich werde dir eine Ohrfeige verpassen, dass sich dein Genick ver-
abschiedet!

I beiß dar in Schädl o und speib da ins Gnack!
Ich werde dir den Kopf abbeißen und in den Hals kotzen!

I reiß dar in Schädl o und wiarf da'n ins Gsicht!
Ich werde dir den Kopf abreißen und ins Gesicht werfen!

I reiß dar in Schädl o, daunn hob i wos zum Köpfln!
Ich werde dir den Kopf abreißen, dann kann ich damit köpfeln!

I drah dar in Schädl o und häng man daham auf!
Ich werde dir den Kopf abschrauben und zu Hause als Trophäe an die Wand hängen!

I zwick dar in Schädl o und nimm eam zum Kegln!
Ich werde dir den Schädel abzwacken und als Kegelkugel verwenden!

I wiag da de Huastn o, dass da die Luft hint außepfeift!
Ich werde dich so fest an der Kehle würgen, dass dein Odem durch die Hinterpforte entweicht!

I drah da de Gurgl o, dass d' Hoisweitn null host!
Ich werde dich strangulieren, bis sich deine Kragenweite auf null reduziert!

I steig dar in Mogn und friss da des Herz o!
Ich steig dir in den Magen und werde dann dein Herz benagen!

I steig dar ins Kreiz, dass da de Rammln in da Nosn klirrn!
Ich werde dich ins Kreuz treten, dass die Rotzbrocken in deiner Nase vibrieren!

I hau dar a rostige Klaumpfn in Bugl und trog di oisa Haundkoffa ham!
Ich werde eine rostige Eisenklammer in deinen Rücken treiben und dich sodann als Koffer nach Hause tragen!

I tusch dar ane ins Beiriad, dass da des Beischl außehängt!
Ich werde dich in die Rippen rempeln, dass dir deine Innereien herausbaumeln!

I prack dar an Brachoider, dass d' Engerln dudln heast!
Ich werde dich so gewaltig vor die Brust stoßen, dass du die Engelchen singen hörst!

I pick dar ane, dass d' deine Baana im Socktiachl zsammklaubn kaunnst!
Ich werde dir eine kleben, dass du deine Knochen im Taschentuch sammeln kannst!

I hau dar a Loch, dass d' duach d' Rippn huast!
Ich werde dir ein Loch schlagen, dass du durch die Rippen hustest!

I schlitz di auf und moch dar an Hängebauch zum Knepfln!
Ich werde dich aufschlitzen und dir einen Hängebauch zum Aufknöpfen schneidern!

I reiß da des Beischl auße, daunn kaunnst d' di ausstopfn lossn!
Ich werde dir die Innereien herausreißen, damit du dich ausstopfen lassen kannst!

I reiß da de Darm auße und häng s' da um wiara Hawaiipfludern!
Ich werde dir die Därme extrahieren und wie einen hawaiianischen Blumenkranz umhängen!

I ziag da de Haut o, dass d' ausschaust wiar in Tod sei Spion!
Ich werde dir die Haut abziehen, dass du aussiehst wie ein Kundschafter des Todes!

I hau dar iwa d' Rehrln, dass da de Bock aufstöt!
Ich werde dir eine über die Stelzen geben, dass es dir die Schuhe auszieht!

I hock da de Haxn o, daunn kaunnst mit de Flaxn kraxln!
Ich werde dir die Gehwerkzeuge abhacken, dann kannst du mit den Sehnen klettern!

I ziag da de Schläuch aus, dass da de Fiaß beim Gnack außewochsn!
Ich werde dir die Läufe lang ziehen, dass dir die Füße beim Genick herauswachsen!

**I hau dar an rostichn Hundatanogl ins Knia, dass d' dreistim-
mig dudlst!**
Ich werde dir einen rostigen Riesennagel ins Knie schlagen, auf dass
du dreistimmig jodelst!

I vadrah da de Kakaosprudler, dass d' ois Quirl geh kaunnst!
Ich werde dir deine Spinnenbeine verdrehen, dass du als Quirl
durchgehst!

I hau di um d' Erd, dass's im Himmö staubt!
Ich werde dich auf die Erde dreschen, dass es bis zum Himmel
staubt!

I zreiß di in da Luft und blos di mit an Schas noch Kagran!
Ich werde dich in der Luft zerreißen und mit einem Darmwind nach
Kagran wehen!

I häng di aus'm Fensta und loss di in da Luft varhungan!
Ich werde dich aus dem Fenster hängen und in der Schwebe ver-
hungern lassen!

No a Muckser und i muarks di o, du Muadsmuarkser!
Noch ein Mucks und ich mach dich kalt, du Oberstümper!

**I pick di aun d' Waund, dass s' di mit'm Spochtl owekrotzn
miassn!**
Ich kleb dich an die Wand, sodass du nur mit der Spachtel entfernt
werden kannst!

**Geh ma net am Haumma – sunst nogl i di an d' Waund und
schreib „I. N. R. I." driwa!**
Geh mir nicht auf den Geist – sonst werde ich dich an die Wand
nageln und darüber die Aufschrift „I. N. R. I." anbringen!

SCHMÄHLICHE SCHMÄHUNGEN

Einführung

Der in Wien ganz besonders vitalen Kultur des Schimpfens habe ich bereits ein eigenes Werk gewidmet: das Schimpfwörterbuch *„Wiener Wut"*, welches mittlerweile schon zu einer Art Standard-Nachschlagewerk der einschlägigen Ausdrucksweise avanciert ist. Dieses Kapitel hingegen kann nur eine kleine Auswahl aus dem schier unerschöpflichen Quell fröhlich sprudelnder Bösartigkeiten bieten.

Das Bild der Wiener Seele, das sich hierbei dem geneigten Leser und der hoffentlich nicht ganz abgeneigten Leserin bietet, ist naturgemäß ein eher düsteres: Wenn Wut die Schleusen des Mundwerkes öffnet, dann werden die Dämme anerzogener Zurückhaltung und oberflächlicher Höflichkeit rasch hinweggespült und es offenbart sich dem schaudernden Betrachter eine dröge vor sich hin köchelnde Sumpflandschaft, aus deren brodelnden Niederungen prall gefüllte Sprechblasen emporsteigen, die beim Zerplatzen gar übel riechende Dämpfe freisetzen, welche die gerümpfte Nase des fassungslosen Forschers nachdrücklich zu beleidigen imstande sind.

Andererseits offenbart sich dem wissensdurstigen Linguisten unter dem starken emotionalen Druck eines Wutausbruches ein überraschend hohes Potenzial an spielerischer Kreativität, deren begnadete Wortschöpfungen ihn durch verblüffenden Einfallsreichtum, originelle Sprachbilder, lautmalerische Prägnanz und auch durch poetische Dichte zu faszinieren und zu beglücken vermögen.

Diese zwiespältigen Eindrücke lassen den psychologisch geschulten Forschergeist auf eine gewisse kindliche Unschuld des wienerischen Gemütes schließen: In aller Unbefangenheit gehen hinterfotzige Verschlagenheit und niederschmetternde Brutalität Hand in Hand einher mit überschäumender Schaffensfreude und hochsensiblem Sprachgefühl.

Hier zur Einstimmung gleich einmal einige sehr bezeichnende Bezeichnungen für die in Wien seit jeher mit besonderer Vehemenz und tiefer Hingabe ausgeübte Tätigkeit des Schimpfens:

A Goschn anhängan, am Höhnerer ham, anblosn, anbölln, anbrülln, andonnern, anfäuln, anfoahrn, anhauchn, anherrschn, anknurrn, anpfeifn, anpfnausn, anpfnurrn, anpöbln, anraunzn, anscheißn, anschnarrn, anschnaubn, anschnauzn, anzischn, aufdrahn, aufesteign, aufgeign, aufmischn, ausbanln, ausbeanzn, ausgreinan, ausheanzn, auskotzn, ausmochn, ausschimpfn, ausschöltn, aussetzn, ausstaliern, aussölln, auswischn, auszankn, beibiagn, beißn, bölfarn, bremassln, de Guarkn gebn, de Levitn lesn, de Pappn zreißn, des Mäu wetzn, des Wüde oweraman, de Wadln viererichtn, einereibn, einesogn, einhazn, einsafn, einschenkn, eintunkn, einwakn, federn, Grobheitn austeuln, herbeidln, hernehman, höscherln, in da Baaz haum, in da Reißn haum, in Darm ausrama, in d'Kost nehman, in Kopf woschn, in Oasch aufreißn, in Schädl ausreißn, in Schlauch gebn, iwas Mäu foan, kampln, keifn, keppln, koramisiern, lästern, mastern, meckern, meutern, mugerzn, murrn, niederpegln, niederscheibn, niederschern, obkanzln, oschnoizn, owemochn, poitern, räsoniern, repramantiern, rüffln, Schlittn foahrn, si ausschleimen, si de Goschn zreißn, si des Mäu auslaarn, s' Scherzl owereißn, verhohnigln, vermoppln, wettern, zetern, zsammhaun, zsammputzn, zsammschearn, zsammscheißn, zsammstauchn, zsammstutzn, zuwesteign.

Schmähführung

Nervensägen

Sche bist net – owa bled!
Schön bist du ja gerade nicht – aber dafür dumm!

Voda, loss des Gschwoda!
Vater, beende dein Geschwätz!

Olle Dam laung tamlt der damische Damleschi iwan Daumm!
Alle paar Augenblicke taumelt dieser schwindlige Tolpatsch über den Damm!

Geh, schüder mi net aun in ana Tour, du großgoschata Kren- reißer – oder host leicht an Antnoasch gfressn?
Gehen Sie mir mit Ihren Schilderungen nicht ständig auf die Nerven, Sie großmäuliger Angeber – oder haben Sie etwa einen Enten- pürzel verspeist?

Der siebngscheide Simuliera hot aa ollarweu siemasiebzg Aus- redn parat!
Dieser besserwisserische Simulant ist auch nie um eine Ausrede verlegen!

Der Quöler ziagt ma mit seina Quarglerei no in letztn Nerv!
Dieser Quälgeist kostet mir mit seinem Geschwätz noch den letz- ten Nerv!

Nerv mi net, sunst moch i a Nerverl aus dia!
Geh mir nicht auf die Nerven, sonst werde ich dafür sorgen, dass bald du völlig entnervt bist!

I wea no a Noarr mit den nervign Nervnbinkerl!
Dieses nervenzerfetzende Nervenbündel macht mich noch ganz verrückt!

Waunn a ma no laung am Geist geht, wear i eam amoi wos geign!
Wenn er mir noch lange auf die Nerven geht, werde ich ihm einmal
ordentlich die Meinung sagen!

Scham di in d' Haut eine, du hautschlechta Hausdrochn!
Schäm dich in Grund und Boden, du grundschlechter Hausdrache!

De nervige Regimentstrotschn lebt sowieso auf Regimentskostn!
Diese nervtötende Klatschbase lebt ohnedies auf Kosten der All-
gemeinheit!

**Ka Wunda, dass ar a Mäu hot wiara Stodltor – der lebt jo auf
Stootskostn!**
Es ist ja nicht weiter verwunderlich, dass er einen Mund von der
Größe eines Scheunentores hat – schließlich lebt er ja auf Kosten
der Gesellschaft!

**Wos de gfeanzte Gatschn fiar an Seich vazapft, geht jo in ka
Brauereifassl mehr eine!**
Was dieses durchtriebene Tratschweib da an Unsinn von sich gibt,
passt ja nicht einmal mehr in ein Brauereifass!

**Des hätt i mar aa nia denkt, dass an so a unnediche Niatn so auf
d' Niarn geh kaunn!**
Das hätte ich mir auch nie gedacht, dass ich mich über so einen derartig unbrauchbaren Versager dermaßen ärgern kann!

**Der aufgschtöde Mausdreck mit da vazoganen Pappn hot uns
grod no gföht!**
Auf diesen kleinen Wichtigtuer mit dem schiefen Maul haben wir
gerade noch gewartet!

Der Depp redt jo drei Sprochn: Deitsch, dumm und doikert!
Dieser Schwachkopf spricht ja drei Sprachen: Deutsch, dumm und
düd!

Und sei frischgfangtes Favoritl aus Favoritn is hoaschoaf des gleiche geistige Fliagngwicht!
Und sein ahnungsloser Günstling aus dem zehnten Bezirk ist ganz genau das gleiche intellektuelle Leichtgewicht!

Wos der do vazapft, des is jo da volle Holler!
Was der hier von sich gibt, ist ja vollkommener Unsinn!

Na, waunn der amoi ans Ruada kummt, daunn hupf i iwa Board!
Also, falls der eines Tages an die Macht kommen sollte, dann wandere ich aus!

Geistestöter

Der Bauernschädl dablost jo net amoi de Bauernakademie!
Dieses Landei schafft ja nicht einmal die landwirtschaftliche Fachschule!

Foahr noch Kuahdreckstettn und loss di eigrobn, du angschissana Furchnscheißer!
Fahr doch ins letzte Kuhdorf und lass dich dort beerdigen, du bekackter Ackerkacker!

Der muass sche bled sei, dass a sovü Glick hot!
Die dümmsten Bauern haben die größten Kartoffeln!

Glei geht da da Fodn aus, du fodnscheinicha Spintisiera!
Du wirst gleich den Redefaden verlieren, du fadenscheiniger Spinner!

Des modiche Mondkäuwe is jo des Muster vo an Muarkser!
Dieses träge Mondkalb ist ja das Vorzeigemodell eines Stümpers!

Du host jo Howeschoartn im Hirn – und mia kaunnst sowieso in Howe ausblosn!

Du hast ja Sägespäne im Schädel – und mir kannst du ohnehin den Buckel runterrutschen!

I maan, der Owa is net gaunz beinaund im Owastüwal!

Ich glaube, der Herr Oberkellner ist nicht ganz richtig im Oberstübchen!

Untasteh di! I loss ma do vo so an Untaam net untastön, dass i untastandslos bin!

Wehe dir! Ich lasse mir doch von so einer Unperson nicht unterstellen, obdachlos zu sein!

Der Raudi vo an Radla hot jo a Radl z' vü in Hiankastl!

Bei diesem rücksichtslosen Radfahrer ist im Gehirn wohl eine Schraube locker!

Den Schüttler muasst mit da Scheibtruchn iwas's Gsicht foahn, dass as iwareißt!

Diesem Trottel muss man alles auf die primitivste Weise erklären, damit er es kapiert!

Waunn ma si den Buam so auschaut, kunntat ma maanan, dass de stott'm Kind de Nochgebuat aufzogn haum!

Wenn man den Knaben so betrachtet, könnte man glauben, dass hier statt dem Kind die Nachgeburt großgezogen wurde!

Waunn der so laung warat, wiara bled is, daunn kunntat ar aus da Dochrinnan saufn!

Wenn der so lang wäre, wie er blöde ist, dann könnte er aus der Dachrinne trinken!

Der Gimpl hot jo net amoi a Quintl Vastaund!

Dieser Einfaltspinsel verfügt ja nicht einmal über ein Quäntchen Verstand!

Der Safnsiada steht do eh voi auf da Saf!
Dieser ölige Schmeichler ist ohnehin schwer ins Rutschen gekommen!

Der Schasaugerte damerkt si an Schas – der hot a Hiarn wiara Netzleiberl!
Dieser Kurzsichtige hat ein Gedächtnis wie ein Nudelsieb!

Der Eierschädl hot jo stott'm Hirnschmoiz nua Eierkloa im Schädl!
Dieser Glatzkopf hat statt Hirn nur Eiklar im Kopf!

Der Strohschädl iwareißt des nia – do kaunnst dar a rostigs Gurkerl ins Knia schiaßn!
Dieser Strohkopf wird das nie begreifen – da kannst du dich auf den Kopf stellen!

Des Hirnederl kapiert des afoch net – do kaunnst da des Beischl aus'm Leib redn!
Dieser Schwachkopf versteht das einfach nicht – da kannst du dir den Mund fusselig reden!

De Floschn muass jo in Schädl schiaf hoitn, damit eam des Hirn zsammrinnt!
Dieser Hohlkopf muss ja den Kopf schief halten, damit zumindest ein klein wenig Gehirnmasse zusammenrinnt!

Der ausgfranste Haderlump is bleda wiara Binkl Fetzn – den wü net amoi mea des Rode Kreiz!
Dieser abgerissene Nichtsnutz ist dümmer als ein Bündel Lumpen – der ist sogar für die Alttextiliensammlung des Roten Kreuzes zu minder!

Der Schwindliche hot net amoi sovü Hirn, wiara Sackl Koks zan Umfoin braucht!
Dieser Spinner besitzt nicht einmal so viel Hirn, wie ein Kohlensack zum Behufe des Umfallens benötigt!

Der hirndepperte Hiabler hot jo a Prothesn im Hirn!
Dieser schwachsinnige Blödmann ist ja völlig begriffsstützig!

Der schwindliche Hudriwudri hot so an Huscher, dass ar am Kanäudeckl Schach schpüt!
Dieser schusselige Spinner hat einen derartigen Dachschaden, dass er am Kanaldeckel Schach spielt!

Waunnst as den Nowe net olle Nosn laung unta d' Nosn reibst, iwanosat der goa nix!
Wenn du diese Null nicht alle paar Augenblicke energisch darauf aufmerksam machst, dann bekommt der überhaupt nichts davon mit!

Wos de fiar an Klopfer haum – des is scho a Haumma!
Die sind dermaßen beklopft – das ist schon niederschmetternd!

Den schmiarichn Schmähfiahra kaunn i net schmeckn!
Dieses grindige Großmaul kann ich nicht riechen!

Vo den Schmock heast nix wia Schmankas, Schmus und Schmonzes – lauta Schmoarrn!
Von diesem affektierten Besserwisser hört man nur Unfug, Unsinn und Unwahrheiten – alles leeres Gerede!

Dauernd plappert s' – nua ban Denkn happert's!
Das Mundwerk funktioniert wie geschmiert – nur im Hirnkästchen spießt es sich!

Da Wahnsinnige is so aungschitt, der geht da glott mit'm Voglheisl um d' Müch!
Dieser Verrückte ist so bedient, dass er mit dem Vogelbauer Milch holen geht!

I maan, der spinnerte Spanfudler hot an Span im Hiarn!
Ich glaube, dieser närrische Kleinkrämer hat wohl einen Schiefer im Hirn stecken!

Der hot jo an Spoarn mit seina ewichn Spoararei!
Er leidet ja unter einer fixen Idee mit seinem ständigen Sparwahn!

Der muass jo an Schuss haum: Dauand schusslt a umanand – owe richtich in Schuss kummt a nia!
Der muss ja wohl eine Meise haben: Dauernd wetzt er nervös umher, aber er kommt nie so richtig in Schwung!

Hauts eich nua auf a Packl, es Packlrass – es sads jo olle mitanaund bleda ois wiara Packl Chips!
Gesellt euch nur zusammen, ihr Lumpenpack – ihr seid ja alle zusammen dümmer als eine Tüte Kartoffelscheiben!

Traurige Gestalten

Mit Eana schtö i mi do goa net her, se gstopftes Gschtö, Se!
Mit Ihnen gebe ich mich doch gar nicht ab, Sie gepolsterte Figur!

Wos is, vieraugata Glosscheabnbongo? Tuast scheangln oda schaust nua mit an Aug ums Eck?
Was ist los mit dir, du dickbebrillter Augengläserträger? Schielst du etwa oder blickst du lediglich mit einem Auge um die Ecke?

Der gugerscheckerte Guglhupfer mit de Guarknglasln is eh scho reif fia d' Gummihüttn!
Der sommersprossige Verrückte mit den dicken Brillen ist ohnehin schon reif fürs Irrenhaus!

Na hawedehre – de Oide schaut jo aus wiara gspritzte Kuchl!
Ach, du meine Güte – die Dame hat ja so viele Sommersprossen, dass es so aussieht, als wären sie mittels Spritzmalerei appliziert worden!

Fia des Gfries brauchast jo eigntlich an Woffnschein!
Für dieses Gesicht wäre eigentlich ein Waffenschein erforderlich!

Waunn de schiache Fuchtl in Basiliskn trifft, hot s' an zweitn Plotz gmocht!
Diese hässliche Schreckschraube kommt in puncto Scheußlichkeit ja fast an den Basilisken heran!

De Schnoin is so schiach, mit der kaunnst net amoi am Gang außegehn!
Die Schlampe ist dermaßen hässlich, dass man mit ihr nicht einmal am Gang promenieren kann!

Der laungnosade Last schaut aus wiara aunglegte Lata!
Dieses langnasige Frauenzimmer hat die eckige Figur einer angelehnten Leiter!

De Schiachperchtn mecht i net amoi oisa aufgmoinda im Sock trogn!
Diese extrem hässliche Person möchte ich nicht einmal als Bildnis in der Tasche mit mir führen!

Des hoitst net aus – de oide Bodhur fäut jo wiara marokkanisches Offnpuff!
Das ist nicht auszuhalten: Diese alte Bordellmamsell stinkt ja wie ein marokkanisches Affenpuff!

De okieflte Gradn riacht wiara stingada Fisch!
Diese abgenagte Gräte riecht nach stinkendem Fisch!

Des vabliate Huatbleamal kaunnst dar am Huat steckn!
Diese verwelkte Dame kannst du gerne behalten!

Des rapplerte Streichmuster stinkt jo vua Stoiz!
Diese stark überschminkte Verrückte platzt ja fast vor Stolz!

De is jo net zum Aunschaun: Des Weib hot a Frisur wiara aufgrissane Seegrosmatrotzn!
Ein unerträglicher Anblick: Die Frisur dieser Dame ähnelt frappant einer halb ausgeweideten Seegrasmatratze!

De ogwetzte Oide hot a Pappn wiara eitretns Goatntiarl – a Bussl und du hängst drinnan wiar in an luckertn Lauskampl!
Diese ramponierte Dame hat ein Gebiss wie eine eingetretene Gartentür – ein Kuss und schon hängst du fest wie in einem zahnlückigen Läusekamm!

Se hot jo a schene Klaviatur – owa dafia schiache Klavierfiaß!
Sie hat zwar schöne Zähne – aber dafür hässliche O-Beine!

Des Krischpindl hot Schuitan wiara Stichschaufl – de kaunnst an Totngroba z' Weihnochtn schenkn!
Dieses Klappergestell hat Schulterblätter wie Spaten – die kannst du einem Totengräber als Weihnachtsgeschenk verehren!

Da Auszahrde is so ölendslaung, dem muasst de Bochhendln mit da Flak auffeschiaßn!
Diese Bohnenstange ist so elendslang, dem muss man die Backhühner mit der Fliegerabwehrkanone hochschießen!

Der gstauchte Gauch is so klaa, dass ma'n mit'm Knofl eireibn muass, damit ma'n wenichstns riacht, waunn ma'n scho net siacht!
Diese zusammengequetschte Witzfigur ist so klein, dass man sie mit Knoblauch einreiben muss, um sie wenn schon nicht sehen, so doch zumindest riechen zu können!

Schpü di net deppert, du Topfnneger – bei mia schpüst kan Indianer!
Fordere mich nicht leichtsinnig heraus, Bleichgesicht – gegen mich wirst du nicht ankommen!

Des Mamaburli geht da Muatta eh net vo da Kittlfoitn!
Dieses Muttersöhnchen hängt ohnehin ständig an Mütterchens Schürze!

A so a moadstrumm Woscher – owa a windlwaacha Woschloppn!
So ein Riesenkerl – aber ein rückgratloser Feigling!

Des is a Kraumpf mit dem kraumpertn Kraumpfoderngschwoda!
Es ist ein Jammer mit dieser armseligen Rentnerreisegesellschaft!

Der Bucklate hot jo a Spoakassa am Ruckn – nua da Schlitz is a weng tiafa!
Der Bucklige trägt wohl eine Sparbüchse am Rücken – nur der Einwurf liegt etwas tiefer!

De miade Partie schaut aus ois wiara Wachsfiguankabinett – owa a gschmoizanes!
Diese traurige Gruppe wirkt auf mich wie ein Wachsfigurenkabinett – aber wie ein geschmolzenes!

Schmutzfinken

De grauperte Gredl is sowos vo grindich – waunnst de an d' Waund haust, bleibt s' pickn!
Dieses ungepflegte Mädel ist ausgesprochen schmierig – wenn man die an die Wand wirft, bleibt sie gleich daran kleben!

Dem sei Hois is sowos vo dreckat – do kunntast Ruabn aunbaun!
Sein Hals ist so schmutzig, dass man darauf Rüben anpflanzen könnte!

Der Depp steht sowos vo danebn, dass a dosteht wia des Kind vuam Dreck!
Dieser Idiot ist dermaßen desorientiert, dass er dasteht wie der Ochse vorm neuen Scheunentor!

Da Bodn schaut jo aus wiara Laundkoatn!
Der Boden ist so fleckig wie eine Landkarte!

Do stözns umanand, aufputzt ois wia de Poimesl – owa daham dastickn's im Dreck!
Da stolzieren sie herum, herausgeputzt wie die Pfingstochsen – aber zu Hause ersticken sie im Schmutz!

Des is owa net auf sein Mist gwochsn – des Mistviech hot do ka Spua vo ana Idee!
Das ist ihm aber nicht selbst eingefallen – der Mistkerl hat doch nicht einmal die Ahnung einer Idee!

De degoutante Dreckschleudern is jo in Dreck sei Dreck!
Diese unappetitliche Verleumderin ist ja wirklich der letzte Dreck!

De rauschige Runkunkl is jo woi echt da ärgste Ruaß!
Diese betrunkene Vettel ist ja nun wohl wirklich der letzte Abschaum!

DER WEISE SCHMÄH

Einführung

Abseits jener Stätten, die gemeinhin als Hort der Weisheit angesehen werden, wie etwa philosophische Gedankengebäude oder klösterliche Forscherklausen, gibt es auch noch die sogenannte „Volksweisheit". Diese zeichnet sich durch eine eher pragmatische Herangehensweise an die mannigfaltigen Probleme und Fährnisse des Lebens aus – die Ergebnisse sind dementsprechend praktisch strukturiert.

Hier wird kurz und bündig auf den Punkt gebracht, wofür akademische Lehrmeister dicke Bücher benötigen: prägnante Aussagen, pointiert formuliert, die sich durch tiefen Gehalt und hohen Gebrauchswert auszeichnen. Wenn auch manche dieser volkstümlichen Weisheiten in die Binsen gehen – lieber ein Körnchen Wahrheit als eine ganze Kornkammer voller Spreu!

Schmähführung

Gemischte Lebensweisheiten

Nua kane Wön schlogn!
Nur ja kein Aufsehen erregen!

Valobt und vaheirat – des is hundat und aans!
Verlobungszeit und Ehe unterscheiden sich ganz gewaltig voneinander!

Ehstand is Wehstand!
Ehe tut wehe!

Außn hui und innan pfui!
Schöne Schale, fauler Kern!

Dreckad mocht speckad!
Dreckig macht speckig!

Wos di net brennt, des blos net!
Was ich nicht weiß, das macht mich nicht heiß!

Wuascht wider Wuascht!
Gleiches für Gleiches!

Amoi da Gigl, amoi da Gogl!
Jeder kommt mal dran!

Noch'm Ginkerl kummt da Gankerl!
Der Teufel folgt dem Tod auf dem Fuße!

Auf Knoi und Foi is aus und gschegn!
Unverhofft kommt oft – und schon ist's aus und vorbei!

Fatalistische Betrachtungen

Guat schau ma aus!
Das ist ja ordentlich danebengegangen!

Guat is gangan, nix is gschegn!
Gut ist's gelaufen – nichts ist schiefgelaufen!

Gemma ham und sog ma, es woa nix!
Gehen wir nach Hause und tun wir so, als ob nichts gewesen wäre!

Nutzt's nix, so schodt's nix!
Wenn es auch keinen Nutzen erbringt, so verursacht es doch wenigstens keinen Schaden!

's Glick is kuglrund!
Das Glück ist unberechenbar!

's Glick is a Vogerl!
Das Glück ist flüchtig!

's Glick hot an glitschign Schwaaf!
Das Glück lässt sich nicht festhalten!

Ka Bam wochst in Himmö!
Alles hat seine Grenzen!

Hintahea is boid ana gscheida!
Im Nachhinein weiß man leicht alles besser!

Wiast d' as mochst, is foisch!
Du hast keine Chance, aber nütze sie!

Ma hot's net leicht – owa leicht hot's an!
Das Leben ist schwer – aber es kann leicht etwas schiefgehen!

Praktische Maxime

A laara Sock steht net!
Ohne Nahrung keine aufrechte Haltung!

Des is a Trumm: Trifft's an Schwochn, foit a um!
Dies ist ein gewaltiges Stück: Trifft es einen Schwachen, kippt der um!

Waunn's Weda net danoch is, daunn is mar aa net danoch!
Wenn das Wetter dafür ungeeignet ist, dann habe ich auch keine Lust darauf!

Hau net iwa d' Schnur, sunst bleibst hängan!
Schlag nicht über die Stränge, sonst verfängst du dich!

Eierschoin deafst net vabrennan, weu sunst d' Schenheit beim Raupfang außefoaht!
Eierschalen darf man nicht verbrennen, denn sonst entweicht die Schönheit durch den Schornstein!

Gschwind an zehn nockerte Glotzerte denkn und scho is des Schnackerl fuat!
Schnell an zehn nackte Glatzköpfe denken – und schon ist der Schluckauf weg!

Schneid kane Gsichta – waunn da Wind draht, bleibt's dar aso!
Mach keine Grimassen – wenn der Wind umschlägt, bleiben sie dir sonst!

Red, wia da da Schnowe gwochsn is!
Sprich nach deiner angestammten Redeweise!

Liawa zan Schmied gehn ois zan Schmiedl!
Am besten wendet man sich gleich an die übergeordnete Stelle!

Sei net so pitzlert, sunst kummst no vom Hundatstn ins Tausndste!
Sei nicht so kleinkrämerisch, sonst verzettelst du dich noch völlig!

Mia wean kan Richta brauchn – des red ma si scho aus!
Wir werden die Dienste eines Gerichtes nicht bemühen müssen –
wir werden uns schon gütlich einigen!

Mit'm Redn kumman d' Leit zsamm!
Schweigen ist Silber, Reden ist Gold!

Sei schtad, waunnst mit mia redst!
Sei still, wenn du mit mir sprichst!

Materialistische Merksätze

Wer schmiat, der foaht!
Wer Schmiergeld zahlt, kommt leichter voran!

Ohne Göd ka Musi!
Kunst kostet!

Wer schimpft, der kauft!
Wer eine Ware kritisiert, der ist an ihr interessiert!

Hätt ma's net, so tät ma's net!
Wer hat, der hat!

Wos's wiegt, des hot's!
Was es wiegt, das ist es wert!

Es läppert si ois zsamm!
Kleinvieh macht auch Mist!

Jeda Spoara findt sein Schnorra!
Ein jeder Sparer trifft auf seinen Schmarotzer!

Fia's Ghobte gibt da Jud nix!
Was man nicht mehr hat, kann man nicht mehr verkaufen!

An Nockertn kaunnst net ausziagn!
Wo nichts zu holen ist, da hat der Kläger sein Recht verloren!

Wer nix hot, hot a ruhigs Lebn!
Der Besitzlose spart sich die Sorgen der Reichen!

Host wos, haaßt's nix. Host nix, haaßt's aa nix – weust hoit nix host!
Ob arm, ob reich – Sorgen hat ein jeder!

Ma beißt net de Haund, de an fiadad!
Wes' Brot ich ess', des' Lied ich sing!

Besser im Sock a Knedl ois wiar a Staa am Schädl!
Besser Geld im Sack als einen Stein an den Kopf!

Zeascht hot a vü eigsteckt – owa jetzat muass a dafia vü eisteckn!
Zuerst hat er sich ausgiebig bereichert – aber dafür muss er sich jetzt einiges anhören!

Bei de klanan Leit tan s' schpoan auf Teifö kumm außse – owa de Gstopftn schiabn s' des Göd hintn eine!
Bei den kleinen Leuten wird eisern gespart – den Reichen aber blasen sie das Geld in den After!

Nützliche Lebensregeln

Da Mensch muass a Freid hobn!
Ganz ohne Vergnügen läuft die Chose nicht!

Da Mensch braucht a Glick – und waunn a ka Glick hot, muass ar a Mäntsch haum!
Glück muss man haben – und wenn nicht, dann zumindest eine Freundin!

Waunn's um an Gspaß geht – do kenn i kan Gspaß net!
Wenn es um eine lustige Unterhaltung geht – da verstehe ich keinen Spaß!

Sche warat's scho – owa schpün tan s' as net!
Das wäre natürlich schön – aber so wird es sich nicht abspielen!

A Stader is a Fader!
Ein stiller Mensch ist häufig ein Langweiler!

A jeds Häferl findt sein Deckl!
Für jeden Topf gibt es einen passenden Deckel!

A oide Schochtl findt net so leicht an Deckl!
Für eine alte Schachtel findet sich nicht so leicht ein passender Partner!

Du kaunnst net ois iwas Knia brechn!
Es lässt sich nicht alles im Leben erzwingen!

Wer haglich is, bleibt iwa!
Wer zu heikel ist, hat das Nachsehen!

Gusto und Watschn san vaschiedn!
Über Geschmack lässt sich streiten!

Wer laung huast, lebt laung!
Langer Husten, langes Leben!

Angewandte Menschenkenntnis

's Gwandl mocht's Mandl!
Kleider machen Leute!

A jeds Mandl hot sei Brandl – nua mauncha hot an Brand!

Jedermann hat seine kleinen Schwächen – doch mancher hat auch große!

Launge Hoa, kurza Vastaund! – Kurze Hoa, launge Leitung!
Lange Haare, kurzer Verstand! – Kurze Haare, lange Leitung!

Wia da Herr, so es Gscherr!
Wie der Herr, so die Dienerschaft!

Wos a Kind oda a Noarr is, sogt da, wos woahr is!
Kinder und Narren sagen die Wahrheit!

Mit an Gschmiardn kaunnst di nua aunschmiarn!
Mit einem Polizisten kann man nur zu Schaden kommen!

Aberakadavera, a Kiwara is ka Hawara!
Aber Kadaver, ein Polizist ist kein Freund!

A Indiana kennt kan Schmerz!
Der edle Wilde verachtet die Pein des Leibes!

Weltläufige Kenntnisse

Vo Penzing in Proda owe – des is woi a braada Weg!
Vom vierzehnten Bezirk bis hinunter in den Prater – das ist schon eine weite und beschwerliche Strecke!

In Hetzndorf san s' net aufs Wetzn schoaf!
Zu viel Stress wirkt als Liebestöter!

Dakreiz oda daquer – des is do ghupft wia ghatscht!
Ob kreuz oder quer – das ist doch gehüpft wie gesprungen!

Dreimoi umziagn is sovü wia amoi obrennan!
Drei Mal die Wohnung wechseln ist so schlimm wie ein Wohnungsbrand!

A Bruckn muass wos aushoidn – do foaht de Eisnbahn driwa!
Eine Brücke muss solide gebaut sein – soviel ist sicher!

Ana hinichn Wöd kaunnst kan Haxn mehr ausreißn!
Einer kaputten Welt kann man kein Bein mehr ausreißen!

Amoi muasst brav buckln, amoi trogn s' di bucklkraxn – so geht's hoit zua auf dera bucklatn Wöd!
Mal musst du Bücklinge machen, mal wirst du auf Schultern getragen – so geht es eben zu auf dieser verrückten Welt!

Lehren der Geschichte

Jo, jo: Mir drei san de zwaa anzichn, de wos no iwabliebn san!
Ach ja: Wir drei sind die zwei Einzigen, die noch übergeblieben sind!

Bei uns muass hoit oiweu east wos passian, bevua wos gschiecht!
Hierorts muss eben immer zuerst ein Unglück geschehen, bevor notwendige Maßnahmen gesetzt werden!

Oisa singada marschiern s' ins Föd – stad kumman s' zruck.
Singend ziehen sie in die Schlacht – still kehren sie zurück.

Reiß net so in Schlapfn auf – wiar i domois glernt hob, samma no mit Schlapfndaumpf gfoahn!
Rede nicht so groß daher – als ich ehedem Lehrling war, mussten wir die Maschinen noch mit Fußpedalen antreiben!

Geh, des steht si do net dafia – do waaß do daunn a jeda, fia wos du stehst!
Aber das zahlt sich doch nicht aus – da weiß dann doch jeder, welche Meinung du vertrittst!

Warst net auffegstiegn, warst net owegfoin!
Wärest du nicht hinaufgeklettert, dann wärest du auch nicht hinuntergefallen!

Hättst mi net einegrittn, brauchast mi jetzat net außereißn!
Hättest du mich nicht dazu angestiftet, so müsstest du mir jetzt nicht aus der Patsche helfen!

Wos ma net im Kopf hot, des muass ma in d' Fiaß ham!
Je schwächer der Kopf ist, desto stärker muss man die Beine strapazieren!

Waunn ois guat rennt, bist leicht guat drauf – do waunn da Huat brennt, host de Gluat auf!
Wenn alles gut läuft, ist es leicht, guter Laune zu sein – wenn jedoch Feuer am Dach ist, dann ist Not am Mann!

Haust in Huat drauf, host in Scheabn auf!
Wirfst du die Flinte ins Korn, so bist du der Gelackmeierte!

A echta Weana geht net unta!
Ein richtiger Wiener hält sich immer irgendwie über Wasser!

Der Weisheit letzter Schluss

Eine auf höchstens siebzig geschätzte Neunzigjährige in der Damensauna des Amalienbades auf die Frage nach dem Geheimrezept für ihre wohl bewahrte Frische:
„Amoi in da Wochn in d' Sauna, jedn Tog a Achterl – und si nix gfoin lossn vo kan Maunn net!"
„Ein wöchentlicher Saunabesuch, jeden Tag ein Achtel Wein – und sich von keinem Mann etwas gefallen lassen!"

DER LETZTE SCHMÄH

Einführung

„*Vakaufts mei Gwaund – i foahr in Himmö!*", dichtete einst Ferdinand Sauter und brachte damit jene „Hollodero-Stimmung" trefflich zum Ausdruck, mit welcher sich der lebensfrohe Trinker gut gelaunt (und torkelnd) den letzten Dingen zu nähern pflegt. Mit Gevatter Hein ist der gelernte Wiener bekanntlich auf Du und Du – nicht umsonst hat ihm Georg Kreisler quasi die Ehrenbürgerschaft verliehen mit seinem Lied „*Der Tod, das muss ein Wiener sein*".

Mit der Tradition pietätvoller Pompfüneberer, die der Höhe der Bezahlung entsprechend ihrer tiefen Trauer mehr oder weniger intensiv schluchzend Ausdruck verliehen, hat Wien, wie ein Besuch im Bestattungsmuseum zeigt, eine glorreiche Vergangenheit beim todsichersten aller Geschäfte. Es ist wohl auch nur mehr eine Frage der Zeit, bis das geschäftstüchtige Wiener Stadtmarketing aus dem Zentralfriedhof die Erlebnisbegräbnisstätte „*Vienna Central Park*" macht: Bestattung findet Stadt!

Leider gibt es die mit einem Kreuz geschmückte schwarze Straßenbahngarnitur nicht mehr, die zehn Särge auf einmal über die Gleise der Linie 71 zum „*Zenträu*" befördern konnte. Auch der Plan einer mit Druckluft betriebenen Rohrpost für den Leichentransport von der Innenstadt nach Simmering wurde leider nie verwirklicht – aber wer weiß, was die Zukunft noch alles bringen wird ...

Auch abseits des kommerziellen Sektors pflegt der Wiener einen vertrauten, ja fast schon liebevollen Umgang mit dem Knochenmann. Und bei der hierorts herrschenden Affinität zum Tod ist es weiter kein Wunder, dass eine beträchtliche Anzahl von Bürgern nicht auf das natürliche Ableben warten will und beschließt, auf Nummer sicher zu gehen und die leidige Angelegenheit lieber gleich selbst in die Hand zu nehmen.

Zur Einstimmung nun eine kleine Auswahl der vielfältigen Wiener Bezeichnungen fürs Sterben:

A Bankl reißn, a Bretzn reißn, a Kraxn mochn, an Bugl mochn, a Eck mochn, an koidn Oasch kriagn, an Obgang mochn, auf da Rutschn sei, aushauchn, aushuastn, auskühln, bebaisse gehn, begetzn gehn, brettlrutschn, de Bock aufstölln, de letzte Ras mochn, de Potschn streckn, de Stufn packn, des Werkzeig ogebn, de Wiama fiadan, dran glaubn miassn, draufgehn, eigehn, exgehn, hamgehn, hiiwean, in d' Brotrean foahn, in Leffö ogebn, in letztn Schnaufer mochn, in letztn Wurf aussogn, in d' Gruabn foahn, ins Gros beißn, krepiern, krochn gehn, maukas gehn, mit'n Anasiebzga foahn, nochschaun, ob da Deckl passt, odankn, ohausn, okräun, okrotzn, opäckern, oschuastern, owekräun, oweschnoppn, oweschwimman, owesteign, päckazn, päckern, si auf d' Lodn legn, si aufs Brett legn, si de Erdöpfen vo unt aunschaun gehn, si de Schleifn gebn, si in Oasch auskegln, si ins Hoizpyjama haun, si niederlegn, si owelossn, 's letzte Stündl schlogn hean, umkumman, ummebiagn, ummestehn, umschnoppn, vagehn, vakumman, vareckn.

Schmähführung

Unausweichliches Geschick

Auf jo und naa is aus und vuabei!
Ganz plötzlich kann alles zu Ende sein!

Fia's Steabn is ka Kräutl gwochsn!
Gegen den Tod hilft keine Medizin!

Es san scho Hausherrn gstuabn!
Reichtum schützt vorm Tode nicht!

A jeda Hos beißt ins Gros!
Viele Gräser sind des Hasen Tod!

Fia'n Sensnmaunn is de gaunze Wöd a gmahde Wiesn!
Der Schnitter Tod hat überall auf Erden freie Schnittfläche!

Obs d' dran glaubst oda net – dran glaubn muasst so oda so!
Ob man es glaubt oder nicht – einmal muss jeder daran glauben!

Umasunst is da Tod – und der kost des Lebn!
Gratis ist nur der Tod – und auch für den bezahlt man mit dem Leben!

Bevuar i stiarb und darfäu, wear i no liawa staaoid und klaa-wunzich!
Bevor ich sterbe und verwese, werde ich doch lieber uralt und ver-hutzelt!

In Wean muasst zeascht amoi steabn, bevua 's di hochlebn lossn – owa daunn lebst laung!
In Wien wirst du erst nach deinem Tod so richtig gewürdigt – aber dann sehr lange!

Übler Nachruf

Waunn de goscherte Frucht stiarbt, daunn muasst der ihr Goschn extra darschlogn!
Wenn dieses vorlaute Früchtchen das Zeitliche segnet, dann muss man ihr Mundwerk wohl gesondert erlegen!

Waunn de foische Krot okrotzt, krotzt mi des owa iwahaupt net!
Wenn dieser verlogene Mensch abnibbelt, tangiert mich das keineswegs!

Um de scherweankate Schoderhenn is eh ka Schod net!
Um dieses windschiefe Zankweib ist es ohnehin nicht schade!

Den Stockfisch kemma ruhig deppat steabn lossn – gscheida wiad der eh nimma!
Diesen Sulzkopf brauchen wir gar nicht einzuweihen – der wird ohnedies nicht mehr klüger!

Wia kaunn a so a geistigs Nockerbatzl iwahaupt sein Geist aufgebn?
Wie kann ein derart geistloser Mensch denn seinen Geist aufgeben?

Eh scho Obsteabns Amen – owa no ollarweu de Pappn offn!
Ohnehin schon dem Tode nah – aber dennoch reißt er das Maul auf!

Des Parablügschtö muass Partezedln druckt ham, weula de Trauerränd scho an d' Finger hot!
Dieses Gerippe muss in einer Druckerei arbeiten, die Traueranzeigen herstellt, denn es hat die schwarzen Ränder schon unter den Fingernägeln!

Finale Eigeninitiative

Waunn olle Strick reißn, daunn häng i mi auf!
Wenn alles den Bach hinuntergeht, dann gehe ich ins Wasser!

A Weu is a no pendlt, owa daunn hot a si leida ins Pendl ghaut!
Eine Zeit lang war er noch Pendler, aber dann hat er sich leider auf-
gehängt!

Zeascht hot si da Blechtrottl aufghängt – nochhea hot a si de Kugl gebn!
Zuerst hat sein Computer gestreikt – daraufhin hat er sich erschossen!

Der redt jo nua vom Hamdrahn – der daschiaßt si hechstns mit ana Leberwuascht!
Bei seinen Selbstmorddrohungen handelt es sich lediglich um leere
Worte – der würde sich doch höchstens die Mozart-Kugel geben!

„Ram endlich amoi zsamm!", hot s' ollarweu gsogt zu eam – und daunn hot a si wegagramt!
„Beseitige doch endlich einmal diese Unordnung!", hat sie immer zu
ihm gesagt – und dann hat er sich selbst beseitigt!

Reife Ernte

Der hoibert hiniche Grufthansl is grod ums Oaschleckn no amoi vo da Schaufl ghupft!
Dieser hinfällige Todgeweihte ist um Haaresbreite gerade noch ein-
mal den Klauen des Todes entronnen!

Amoi hot a grod no de Kurvn krotzt – owa daunn is a do okrotzt!
Einmal ist er gerade noch davongekommen – aber dann hat es ihn
doch erwischt!

Wia eam des Schlagerl gstraaft hot, hot eam eh da Gankerl an Deiter gebn!

Dass ihn dieser leichte Schlaganfall ereilt hat, war ohnehin ein Fingerzeig des Todes!

Da Gwigwi hot mi scho gmauhnt – owa exekutiern tuat a mi darweu net!
Der Tod hat mir schon eine Mahnung geschickt – aber von einer Exekution sieht er einstweilen noch ab!

Des krachezerte Krewecherl hängt jo scho in da Krepierhoiftern!
Diesen krächzenden Kümmerling hat der Tod ja schon beim Schlafittchen!

De rachitische Rippn reit scho auf da Friedhofsmauer!
Dieses schwindsüchtige Knochengerüst steht schon an des Grabes Rand!

Bei den derrischn Kistnschinder hot eh scho da Kistntischler Moß gnumman!
Bei diesem schwerhörigen Klavierspieler hat ohnehin schon der Sargtischler Maß genommen!

Der liegt jo scho voi auf da Dackn! I maan, der kummt nimma auf!
Der liegt ja schon völlig darnieder! Ich vermute, der wird sich nicht mehr aufraffen!

Host den Friedhofsjodler gheat? I fiacht, der Xandl hot boid ausghuast!
Hast du diesen tuberkulösen Huster vernommen? Ich fürchte sehr, dass unser Freund Alexander nicht mehr lange unter uns weilen wird!

Da Mizzi siecht ma's eh an – bei der blian scho de Friedhofsresaln!
Maria ist bereits gezeichnet – auf ihren Wangen blühen bereits die Friedhofsröslein!

De oide Tolloschek is scho gaunz damisch – laung damocht s' as nimma!
Die alte Frau Tolloschek ist schon ganz benommen – lange wird die nicht mehr durchhalten!

Der kräut net nua am Zahnfleisch daher – den sitzt aa scho da Tod im Gnack!
Der schleppt sich nicht nur mit allerletzter Kraft dahin – dem sitzt auch schon der Tod im Nacken!

De oide Schabrackn is jo aufputzt wiara Pompfüneberer – de mocht si scho fian Gwigwi sche!
Diese alte Vettel ist ja herausgeputzt wie ein livrierter Begräbnisbegleiter – die macht sich wohl schon für Gevatter Hein zurecht!

Bei den Tuberer heast jo scho des Zenträupfeiferl blosn!
Die Lunge dieses Tuberkulosekranken pfeift schon zum Aufbruch in Richtung Zentralfriedhof!

Da oide Zeppler reißt an Zitterer owe, weula boid auszapplt hot!
Der alte Trippler zittert vor Angst, weil er bald ausgezappelt hat!

Des Krepierl is jo total bedient – bei dem bindn si d' Wiarma scho des Barterl um!
Dieser entkräftete Schwächling ist ja völlig fertig – da hängen sich ja schon die Maden den Sabberlatz um!

Würdeloser Abgang

De oide Drecksau hot jetzat aa in letztn Dreck gschissn!
Dieses alte Dreckschwein hat nach dem letzten Stuhlgang einen Abgang gemacht!

Jetzat hängt dem oidn Krauterer de letscherte Ahndlfettn eh scho owe bis auf d' Knia – owa ollarweu no hinter de jungan Madln her!

Nunmehr hängt diesem betagten Wrack das wabbelige Altersfett ohnehin schon bis auf Kniehöhe hinab – aber nichtsdestotrotz ist er noch hinter den jungen Mädchen her!

A zaacha Hund – net ums Vareckn woitat a in letztn Schnaufer mochn!

Ein zäher Patron – um keinen Preis der Welt wollte er diese verlassen!

Er woar a stoaka Raucha – owa leida schwoch auf da Brust!

Er war starker Raucher – aber leider mit schwacher Lunge!

Waunn a net dauand am Friedhofspargl zuzlt hätt, warat eam des Beischl net so schnö eigangan!

Wenn er nicht ständig Virginia-Zigarren geraucht hätte, wäre seine Lunge nicht so früh draufgegangen!

Um des gliechane Göd bin i net nua umgfoin – um des bin i gschtuam!

Das verliehene Geld habe ich nicht nur verloren – das ist völlig beim Teufel!

Waunn a beizeiten iwazuckat hätt, dass a vü zvü Zucka hot, daunn hättat a net jetz scho sein letztn Zucka gmocht!

Wenn er rechtzeitig erkannt hätte, dass er an schwerer Diabetes leidet, dann hätte er nicht jetzt schon seine letzten Zuckungen vollführt!

Zeascht is a ausbuat wiara Raketn, daunn hot a radiert und is oisa Hinicha doglegn!

Zuerst ist er fortgerast wie eine Rakete, dann hat er eine Notbremsung vollführt und ist tot dagelegen!

Zeascht is a vo an Leichnwogn auf da Simmeringer Hauptstroßn vuam Zenträu iwafoahn wuadn – und daunn is a mit an Leichnwogn iwa d' Simmeringer Hauptstroßn am Zenträu iwafiaht wuadn!
Zuerst ist er vor dem Zentralfriedhof auf der Simmeringer Hauptstraße von einem Leichenwagen überfahren worden – und dann ist er mit einem Leichenwagen über die Simmeringer Hauptstraße zum Zentralfriedhof überführt worden!

Bitte, wos haaßt do: „Hallo!"? Ha? – I sog da nuar ans, du hatschata Gruftspion: Da „Hallo!" is scho laung gschtuam und liegt neman „Hearst!" aum Zenträu!
Bitte, was heißt denn hier: „Hallo!"? Also was? – Ich sage Ihnen nur eines, Sie gehbehinderter Todeskandidat: Der Herr „Hallo!" ist schon längst von uns gegangen und ist neben dem Herrn „Hören Sie!" am Zentralfriedhof beerdigt!

Letzte Wünsche

Hau di in d' Totntruachn und moch vo innan zua!
Steig in den Sarg und schließ von innen ab!

Hau di ins Pendl, du Strick – sunst drah i di zsamm auf an Schuastazwirn!
Häng dich auf, du Galgenstrick – sonst zwirble ich dich ein wie einen Schusterzwirn!

Hupf in d' Gruabn und loss di eigrobn – sunst foast ois Leichnbradl in d' Brodreangossn!
Spring ins Grab und lass dich beerdigen – sonst lasse ich dich als Brennstoffspende ins Krematorium einliefern!

Gib an Fried und hau di in Hof – sunst hau i di am Friedhof!
Gib Frieden und begib dich in den Hof – sonst werde ich dich auf den Friedhof befördern!

Hau di iwa d' Heisa, Zinsgeier – sunst kummt da Gwigwi uman Zins!
Weiche, Mietwucherer – sonst kommt Gevatter Tod, um den Mietzins zu kassieren!

Hau di auf d' Saf und rutsch owe – sunst leg i dar a Rutschn ins Massngrob!
Steig auf die Seife und rutsche hinweg – ansonsten werde ich dir eine Rutsche ins Massengrab errichten!

Hupf in Gatsch und schwimm um d' Wäsch – sunst kaunnst di glei ins Hoizpyjama haun!
Spring in den Matsch und versuche, schwimmend deine Kleidung zu erhaschen – andernfalls kannst du dich gleich im Sarg zur Ruhe betten!

Pock di zsamm und geh sterbn – fia mi bist eh scho gschtuabn!
Pack ein und geh sterben – für mich weilst du ohnedies schon im Reich der Toten!

Quellenverzeichnis

Reinhold Aman: Bayrisch-österreichisches Schimpfwörterbuch, München 1972

H. C. Artmann: med ana schwoazzn dintn, Wien 1958

H. C. Artmann: Im Schatten der Burenwurst, Salzburg 1983

Beppo Beyerl, Klaus Hirtner, Gerald Jatzek: Wienerisch, Bielefeld 1992

Emil Karl Blümml: Erotische Volkslieder, Wien 1906

Manfred Chobot: Waunst in Wean, München 1978

Hans Eidherr: Also fahr ma Euer Gnadn, Wien 1996

Arthur Fetzer: Wienerisch-Deutsch, Frankfurt/Main 1993

Gustav Gugitz: Der Spittelberg und seine Lieder, Wien 1924

Hans Hauenstein: Wiener Dialekt, Wien 1972

Maria Hornung: Wörterbuch der Wiener Mundart, Wien 1998

Franz Seraph Hügel: Der Wiener Dialekt, Wien - Pest - Leipzig 1873

Julius Jakob: Wörterbuch des Wiener Dialektes, Wien 1929

Ernst Kein: Wiener Panoptikum, Wien 1970

Ernst Kein: Wohnhaft in Wien, Wien 1976

Ernst Kein: Die kleinen Freuden der Wiener, Wien 1983

Ernst Kein: Wirtshausgeschichten, Wien 1986

Ernst Kein: Weana Schbrüch, Salzburg 1990

Eduard Kremser: Wiener Lieder und Tänze, Wien 1911

Anton Krutisch: Kraut und Ruam, Wien 1977

Katrin Leinfellner: Schimpfen als expressiver Sprechakt, Diplomarbeit, Graz 1999

Kurt Conrad Loew: A Weana in Nui Joak, Wien 1974

Josef Mayer-Limberg: fon de hausmasda und de möada, Wien 1973

Josef Mayer-Limberg: eilodung zu de hausmasda, Wien 1978

Max Mayr: Das Wienerische, Wien 1924

Max Mayr: Wiener Redensarten, Wien 1929

Roland Neuwirth: Survival, Wien 1985

Albert Petrikovits: Die Wiener Gauner-, Zuhälter- und Dirnensprache, Wien 1922

Lutz Röhrich: Lexikon der sprichwörtlichen Redensarten, Freiburg 1991

Gerhard Rühm: en heulechn obnd vadeabm, Hamburg 1968

Hans Sassmann: Wienerisch. Was nicht im Wörterbuch steht, München 1935

Hans Schikola: Schriftdeutsch und Wienerisch, Wien 1954

Dieter Schmutzer: Wienerisch g'redt, Wien 1993

Eduard Maria Schranka: Wiener Dialekt-Lexikon, Wien 1905

Mauriz Schuster: Alt-Wienerisch, Wien 1951

Wolfgang Teuschl: Da Jesus und seine Hawara, Wien 1971

Wolfgang Teuschl: Wiener Dialektlexikon, Wien 1990

Hella Thal: Schmutzige Wörter, Frankfurt/Main 1987

Peter Wehle: Die Wiener Gaunersprache, Wien 1977

Peter Wehle: Sprechen Sie Wienerisch?, Wien 1980

Oswald Wiener: Beiträge zur Ädäologie des Wienerischen, Wien 1969

Astrid Wintersberger: Wörterbuch Österreichisch-Deutsch, Salzburg 1995

Josef Zuck-Geiszler: hianschwaunga, Wien 1986

Josef Zuck-Geiszler: Wiener Splitter, Wien 1993

und viele andere herzliche WienerInnen, mündlich, Wien 1964–2002

Dank

Für Anregungen und Hilfe bedankt sich der Autor bei

Martin Auer, El Awadalla, Manfred Chobot, Walter Daniel, Heli Deinboek, Erich Dimitz, Helmut Emersberger, Andreas Julius Fasching, Gerald Grassl, Christiane Hofinger, Thomas Hojsa, Elisabeth Kolb, Reinhard Liebe, Marzipank, Alexandra Mesensky, Gabriele Müller-Klomfar, Thomas Northoff, Kurt Obermair, Jupp Prenn, Wolfgang Rehm, Stephan Reisetbauer, Peter Tagwerker, Claus Tieber, Margit Tinoco Lobo, Erik Trauner, Franz Unger, Christa Urbanek, Max Wachter, Hans Jörg Waldner, Verena Waltner, Stefan Weber, Karl Weidinger und Josef Zuck-Geiszler.

Zum Autor

Richard Weihs ist Autor, Musiker und Kabarettist. Er beschäftigt sich seit vielen Jahren mit den tieferen Abgründigkeiten des Wienerischen und hat zahlreiche Lieder und Gedichte im Wiener Dialekt verfasst.

CDs
Da ärgste Ruaß – Tiaf-schwoaze Liada *(Extraplatte 212-2)*
Schnabelschau – Unverhütete Lieder *(Extraplatte 272-2)*
Scheabn auf! – Liada fia Ang'schitte *(Extraplatte 312-2)*
Böses LiedGut – Eine jenseitige Auswahl *(Hoanzl RW001)*
Wiaschtln – Haaße Liada *(non food factory nf_2346)*

Bücher
Der Fersenfresser – Perverse Verse und diverse Lieder
(handmade books)
Der Blues-Gustl – Eine Wiener Legende *(Edition Aramo)*
Kleine Freiheiten – Gedichte und Geschichten *(Arovell Verlag)*
Wiener Wut – Das Schimpfwörterbuch *(Pichler Verlag)*
Wiener Witz – Der Schmähführer *(Pichler Verlag)*

Kontakt
1060 Wien, Linke Wienzeile 36/7
Tel./Fax: 01/586 33 95
richard.weihs@aon.at
http://members.aon.at/richard.weihs

„Wiener Wut" enthält eine ausgewogene Auswahl folgender hochwirksamer Bestandteile: abartige Abortworte, abstoßende Abscheulichkeiten, beschämende Beschimpfungen, bissige Bösartigkeiten, drastische Drohungen, entsetzliche Entgleisungen, ätzende Ezzes, fürchterliche Flüche, grauenhafte Grobheiten, hinterfotzige Häme, ingeniöse Invektive, insultierende Injurien, kernige Ketzereien, kräftige Kränkungen, lasterhafte Laszivität, miese Motzereien, niederträchtige Nachreden, ordinärste Obszönitäten, perfide Perversionen, querulantische Quälereien, rüde Rügen, ruppige Rüpeleien, schändliche Schmähungen, schäbige Stänkereien, schmutzige Schweinigeleien, schweinische Schmutzkübeleien, tückische Tiefschläge, unterschwellige Unterstellungen, unverblümte Unverschämtheiten, verheerende Verhöhnungen, verletzende Verleumdungen, unglaubliche Verunglimpfungen, wüsteste Verwünschungen, widerwärtige Witzeleien und zynische Zoten.

WIENER WUT
Das Schimpfwörterbuch
2222 Kraftausdrücke gesammelt
und kommentiert von Richard Weihs
144 Seiten; 11,5 x 18,5 cm
Broschur; € 12,99
ISBN 978-3-85431-706-7

pichler verlag